中國大學人文啟思錄 第八卷
下冊

歐陽康　主編

目　錄

中國與世界

經濟與社會

文化與思潮

後記

經濟與社會

承上啟下，打造中國公共管理的新制度和新文化

藍志勇　亞利桑那州立大學公共管理學院教授、

浙江大學公共管理研究所所長

　　我今天講一講公共管理從過去一直延續到現在特別是在中國這個特殊的歷史文化條件下，它有什麼意義？它給我們留下來的是什麼樣的遺產？我們如何在公共管理制度的遺產中繼承然後繼續前行，以重塑中華民族的輝煌？

　　改革開放都已經三十多年了，但對於我們這一代人來說那是彈指一揮間的事情。很多事情就像是發生在昨天一樣，但是在這彈指一揮間，中國確實發生了天翻地覆的變化。那麼為什麼會發生這樣的變化？這裡有一個非常重要的因素，就是它不滿足現狀，不斷改革，不斷進步。這是我講的第一個方面。這三十年在人類的歷史上是很短暫的，過去的路我們已經走過了，往前我們怎麼走？我覺得我們現在關心的一個問題就是中國繼續前行的條件和挑戰在什麼地方？中國應該如何繼續向前發展？中國管理的行政體制應該如何改革？

　　我曾寫過一篇文章談到中國現在面臨的挑戰。我說中國現在面臨的挑戰，在於中國還沒有從它原有的格局中走出來，它就面臨著加速現代化的要求，它就要完成後工業時代才能完成的人類的事情。所以我們現在的發展和創新，必然要按照這樣的軌跡來尋求答案。我為什麼要說它還沒有從傳統社會格局中走出來呢？什麼是傳統？什麼是現代？什麼是後工業時代的現代？我這裡有一個表格，我把它的基本特

點都描述出來了。我們可以把社會按照不同的因素分為幾個階段，一個是原始社會，一個是封建社會，一個是現代社會，一個是後工業社會。這幾個不同的社會有不同的政治特點、經濟特點和不同的價值觀和社會特點。在政治特點中，比如說我們看它的法理依據。在原始社會，我們注重的是父母、氏族和血緣。就是說在原始社會中的人為什麼要聽氏族的管理？因為族長本來就是家長，他跟族群中的任何一個人都有血緣的關係。到封建社會就不同了，在封建社會不可能所有的人都是皇帝的兒子，但是它有新的法理依據，叫作天賦皇權，皇帝是天子，是上天給的權力。到了近代工業國家，英國以資產階級革命的形式把他們的國王殺了，為什麼呢？因為他們要挑戰的就是皇權，認為皇帝和普通人是一樣的，不是天子，殺了他也沒有什麼問題。那麼政府和國家管理的基礎是什麼呢？是這個社會裡優秀的人坐在一起共同探討出一套規則，比如說憲法，然後按照憲法的條例來進行社會管理，這個叫作法理契約。到了後來的後工業社會，法理契約其實也有很多它自己的特點和缺點，比如憲法中如何去決策呢？就是少數服從多數。那麼少數服從多數就意味著少數人是受到壓制的。我們也知道有時候真理往往在少數人這一邊，比如有一些先知先覺的人可能先發現一個真理，這個時候他就是少數。所以到了後工業社會時代，就有可能讓每一個人都能夠有表達自己訴求的機會，它叫作權威表述。如果一個人有這個想法他就在這個群裡面決策，如果他有不同意見，他就到別的群裡去決策，這個就是法理依據。政府的目的也不一樣了。在原始社會，它是氏族制度，因為那個時候生產力低下。在封建社會，國王和封建主的利益是最高的利益，叫作普天之下莫非王土。在現代社會，政府的目的是推動社會的經濟發展，就是說社會的生產力

要提高，要實現經濟的發展，那麼經濟發展是現代社會的重要目標。其實在中國的很長一段時間中，我們都強調一個城市、一個地區的GDP增長是多少，非常重視經濟的發展。但是到了後工業社會，政府最重要的目標已經不是經濟發展了。由於科學技術的高度發達而實現了經濟的高度發達，在這種情況下，經濟發展不是最主要的，政府舉手投足之間就可以解決這個問題。比如說只要百分之十的人就可以提供全國需要的糧食；百分之二十的人可以提供社會所需要的一切的基本物品，包括衣食住行和電器等。剩下來的其他百分之七十的人做什麼呢？從事第三產業，從事服務業、教育或者是科學技術。在這個時候，當生產力高度發達的時候，物質生產已經不是第一需求，我們要做的就是人性的張揚，或者說是生命價值的極大化。我用的詞是民主、平等、穩定，實際上它還達不到和諧的要求。

關於和諧我在這裡稍微講一點，和諧就是說基本上沒有什麼矛盾。那麼現在社會為了經濟的發展，必須要有適當的社會差距存在，有了差距就有了勢能。我們為什麼要在三峽修一個大壩？修一個大壩才有了落差，有了落差才有了勢能，才可能發電。這當然是三峽工程的一個作用。現在社會也是這樣。一定差距的存在使得那些收入較低的人就會努力工作，形成一種激勵機制。這個是現代社會的一個特點，但是有這個落差就會出現社會矛盾。在後工業社會如果要真正地達到和諧，就不能有落差，形成一個沒有社會矛盾的和而不同的社會。但是從我們中國現在的情況來看，比如從我們的管理結構上看，我們還有很多傳統社會的影子。比如說權力自上而下，生產力還沒有完全高度發達，決策模式中仍有家長制、一言堂，在禮儀方面比較重關係，在這其中就有很多有關價值觀的東西。原始社會靠天吃飯，封

建社會中，土地是命根子，現代社會土地已經不重要了，土地可以拿錢買到。到了現代社會，一切的生產都是社會化，很多東西都是貨幣化，只要有錢很多東西都可以買到。有錢能使鬼推磨，這個是一種價值觀。但是到了後工業社會，金錢已經不算是特別重要的了，西方現代的發達國家很多都呈現出這樣的現狀，很多人在華爾街賺到了很多錢，但是他們覺得自己過著非人的生活，有時候一天工作十六個小時到十八個小時，而且沒有週末，這種日子很多人都不想過了。人在有飯吃的時候就追求另外的東西，這個就是叫作對生命和幸福的追求高於一切。比如封建社會是農村，現代社會是城市，到了後工業社會的時候，我們叫作都市裡的鄉村或者是鄉村裡的都市。居住在城市就像鄉村一樣，環境非常好，各種社會服務都非常現代化，就是說可以不講究形式。現在中國在強調的城鄉一體化，實際上是推動農村向城市轉移的一個過程。中國還在進行城市化的進程，還有很多傳統社會的東西。現代社會中比如說法理契約、民主決策等，已經在開始進行了。這就是中國的百年夢。從孫中山推翻清朝的時候就開始追求這個夢想，一直到五四，一直到今天，這是一個還沒有完成的中國的現代化改革。所以說我們有很強的傳統的因素。我們現在處於現代化的過程中，我們還沒有完成現代化，所以我們必須要加快現代化，因為西方發達國家已經進入了後工業化的時代。它用別的方式來與我們競爭，如果我們不能快速發展自己，那麼就還是會處於競爭中的弱勢地位。我們現在提出來的要求，包括社會的要求、政治的要求和人性的要求，已經是後工業社會的價值觀。這個就叫作後工業社會的訴求。這就是中國現代化發展的一個矛盾，就是傳統社會迅速現代化的壓力與後工業化社會的訴求之間的矛盾。所以雖然我們現在的生活比以前

好多了，但大家心裡還是不滿，還是焦躁不安，因為我們處在這樣的一個大變動的時代。

下面我講講什麼是民主社會與和諧。我們現在都在談和諧，和諧社會的思想其實很早就有了。一八二五年烏托邦思想者歐文在馬克思之前就提出了社會主義的概念。大家知道，當時有好幾個著名的烏托邦主義者，除了歐文，還有傅立葉、聖西門等。聖西門一八二五年在美國的印第安那州買下了一二五平方公里的土地，建立了一個和諧社會，名字就叫作新和諧村，這個遺址現在還在。但是這個實驗是失敗的。他為什麼要建？他的和諧的思想來源於《聖經》。打開《聖經》的第一頁創世紀就有這句話，說上帝創造了萬物，上帝創造了湖泊和海峽；上帝創造了鳥兒，讓鳥兒在空中飛翔；上帝創造了人類，讓人類作為萬物的靈長；上帝創造了我們的養生之地和這些財產。所以這是一個伊甸園式的和諧的世界，人是萬物的靈長，他和別的東西共同生存，是有秩序的，而不是說每一樣東西都是平等的。和而不同，就像在一個很大的樂隊中，每一個人用的都是不同的樂器，每一個人都彈奏著不同的曲子，但是總體上演奏出來的卻是規模宏大的音樂，這個就叫作和諧。那麼在這個和諧中就會有一個很重要的思想，就是每一個人都不是處於競爭的狀態，這不是說每一個人都很優秀，其中也是參差不齊的，有很優秀的，也有濫竽充數的。但是要有主旋律，這樣才能把和諧社會的精華表達出來，沒有主旋律所有的音符就失去了意義。還有一個原則，即公平與公正地處理矛盾的原則。還有就是要教育，當時的領導與被領導的人都要接受教育。還有就是生產力，生命的捍衛，民主的支援，需要有物質的支援。我們現在還處於社會主義發展的初級階段，我們可能還沒有實現和諧的基礎，但是和諧作為

我們的一個目標提出來了。當然我們在操作層面的一些方法不一定是和諧的，但是只要能夠很好地處理好矛盾就可以了。和諧的基本的含義就是沒有什麼矛盾，就是矛盾基本上都是處理好了的。但是從中我們至少可以看出來，現代社會有一個很重要的東西，就是法制，就是法理契約，要講究民主，還要講究生產力，要講究科學，科學能使社會發展。所以我們說法治、民主、科學和效率，是人類走向發展和輝煌的核心要素，是現代社會的基石。在這個基石中，有一個最重要的價值觀念就是民生、民權、民主，這些是人類幾千年來的文明所追求的要素。

我們講座的標題叫作「承上啟下」，就是從過去走向未來。剛才就已經講到我們的傳統。我們中國有我們中國的傳統。比如諸葛亮：鞠躬盡瘁，死而後已；還有大家比較熟悉的一句話：為天地立心，為人民立命，為往聖繼絕學，為萬世開太平；還有屈原的《離騷》：長太息以掩涕兮。這些名句表達了我們中國的一些清官好官的優秀品質，他們的一種憂國憂民的情懷。那麼我問的一個問題是，為什麼中國有這些好官，有這麼多關心老百姓疾苦和喜怒哀樂的官員，中國在幾千年的文明中，在與西方國家競爭的過程中，還是相對落後的呢？我們要問這些問題。還有一句話說：為什麼我的眼裡常含淚水？因為我對這土地愛得深沉。這個就是悲情公共管理。就是說這一批關心國家、關心老百姓的官員，他們憂國憂民，長久有一種痛苦和哀情，就是為什麼不能夠讓老百姓生活得更好些，原因是在什麼地方？現在有很多學中國古典哲學的人，回顧中國幾千年來的文化傳統，說我們要從古代文化中吸取東西來往前走，我同意，但是我想我們不僅僅要神交古人，還要神交同代的朋友，就是中國和西方的問題。不是說中國

比以前差，不是說中國不偉大，你可以從另一個角度去想：可不可能是人家在近代特別是在文藝復興以後找出了更有效的發展社會的方法，就是說不是我們比以前差了，而是人家比以前更好了。那麼在這種格局之下，我們應該如何進行換位思考？現代西方可以迅速發展、能夠取得成功，我可以說它的保障就是法治、民主、科學和效率。我們說中國很偉大，只要看看我們近代革命的偉人在幹什麼，我們就知道這個偉大的中國一直在努力地趕超別的國家，它在進行改革，它在進行改變，它不滿足於現狀。我們知道，我們還需要繼續努力。

這裡有一個中國改革的問題。比如說從孫中山開始就提出要建立公民政府，他有一個很重要的思想叫作天下為公。他的意思就是說推翻清王朝以後，天下不是皇帝老兒的，而是天下的。所以說要實行民生、民主、民權。後來到了毛澤東時代就領導了新民主主義革命，人民參政議政管理國家，雖然後來他的一些管理制度還是一種傳統的管理制度，但至少也有一種改革的思想。到了小平同仁的時候，我們可以叫作市場經濟時代。小平同仁有一句話叫作：不管白貓黑貓，能夠逮住老鼠的就是好貓。政府可以少管一點，在市場出現問題的時候、市場不行的時候它才來管。後來到了朱鎔基總理的時候叫競爭政府。每一個政府類型都有自己的理論工具。比如說公民政府是民主思想，孫中山學習西方，但是移過來以後水土不服，環境條件也不夠，而且沒有武裝，所以最後他把權力讓給了袁世凱。後來的人民政府是人民議政，比如說政治協商會議、人民代表大會，還有黨的領導，但是在運行過程中，尤其是「文革」過程中，沒有完全做到。市場經濟論在西方特別是在過去的三十年十分被推崇。競爭政府是西方在二十世紀九〇年代提出來的一套競爭思想。哈佛大學的教授麥克波特，他研究

了西方各個國家的競爭。他說政府還是要參與、要推動、要干預經濟競爭，用國家的力量來推動競爭力，否則的話就會出局。後來我們開始提出建設服務型政府，這個也有很強的理論基礎。從溫家寶開始他就希望我們的官員要關心老百姓的疾苦，要為老百姓服務，而不是做老百姓的管理者。還有學習型政府，這個是江澤民提出來的。二十世紀九〇年代有一位叫作彼得·聖吉的美國學者，提出一個觀點就是學習型政府，提出在現代這個迅速發展的社會中如何成為一個學習型的政府。還有創新政府和和諧政府。

在西方服務是非常重要的一個詞語，比如說我的兒子是在服務當中，他講的是我的兒子在參軍。西方這個服務的詞是從哪裡來的？就是牧師是上帝的僕人，他是為上帝服務的，所以他把自己一輩子的精神和思想都奉獻出來。這是為上帝服務、為上帝傳道，這個是為上帝服務的理念。然後發展到政府公共服務的時候，就說公共服務是一個神聖的職責。它具體的內涵在十八世紀中葉美國工業化的過程中，就是要提高政府為老百姓服務的能力。當他們進行工業化的時候，農民進城，城市裡就會有交通問題、垃圾問題、教育問題，還有貧民窟問題。這個時候就要求政府加大財政力度，增加稅收，然後為老百姓提供更多的服務，這個是服務型政府的思想。

學習型政府很簡單，有五項修練。先是個人學習，然後是打造觀念，再是打造團隊的願景。現在我們為什麼要講第二次解放思想、第三次解放思想，就是說中國是從傳統中走過來的，它要跳躍性地進入到現代化，人的思維觀念就需要不停地變化，而且是要團隊變化，不能僅僅是一個人變化，而是要大家都這樣變化，這個叫作學習型政府。

創新型政府中最核心的一部分就是挑戰傳統。給大家舉一些美國的例子。美國有很強的傳統，但是它的傳統是什麼東西？比如說美國是個年輕的國家，過去是農業文明，在十八世紀進入了我們所說的工業化的時代。工業文明有一個最重要的標誌就是汽車文明，美國被譽為或者說是被貶為是「汽車輪子上的國家」，每兩個人就擁有一輛汽車。這是美國的傳統，也是小布希要發起伊拉克戰爭的重要原因之一。我在美國最想吃的東西美國沒有，是什麼呢？油條。但油條的衛生檢查在美國是不過關的。美國每年死在槍支下的人是世界之最，但是它的憲法中明文規定老百姓有權利擁有武器，它不可能改變這個傳統。傳統的力量非常之強，我們很難去改變它。但是傳統的東西不一定就是好的。雖然幾千年來的文明是文化的智慧，我承認這個當然是。例如美國人為什麼吃那麼豐盛的早餐？因為過去他們是要到農田裡去勞動的，早餐如果不吃得非常豐盛，就支持不了他們一天的勞作。但是現在生活好了，他們消耗不了這麼多的卡路里了，但留下了這些傳統，於是這些傳統就成了送他們進入墳墓的最重要的殺手之一。所以說傳統的東西不一定就是好的東西，這就是講為什麼要創新。

　　還有一個就是叫作未來政府或者叫作新政府，這是由比拉克提出來的。剛開始的組織是工業組織，後來的組織就變成了大型的產業組織。不管是傳統的封建組織，還是大型的工業化的組織，目的都是為產品服務的。組織是一種工具，我們到裡面去工作，拼命地工作就是為了這個組織的目標，就是說最後它可以生產出汽車，生產出房子，生產出糧食，或者說是政治組織，它要達到一個目的。所以過去的組織是目的，國家也是目的。但是現代的新組織，在現代的民主、人人

平等的社會中，組織本身不是工具，不是一個目標，而是社會財富、思維觀念的創造者。在組織中，每個人都感到自己受到尊重，每個人在工作的過程中都感到快樂並得到一份報酬，而且每個人都是組織活動的參與者。這就是未來組織和新政府，也就是我們說的和諧社會。

　　下面我講幾個例子。我們看到的這個示意圖，就是鳳陽縣小崗村，在一九七八年的時候生活很不好，很苦。這十八個農民就暗地裡背著上級組織簽了一個生死狀，在生死狀上面按有手印，他們就決定把土地私下地給「分」了，就是把土地包產到戶。這張圖片是今天的小康生活。人民利用自己的勞動，發揮自己的聰明才智，創造了自己的幸福。還有建國飯店。建國飯店是中國的第一個五星級的飯店。當時為什麼會有這個建國飯店？就是因為當時有很多外國人到北京來旅遊，但是全北京只有一千多個可以供外國旅遊的人居住的床鋪，很少。後來有一個美國記者在《紐約時報》寫了一篇文章，他說我到了中國，中國青山綠水，非常漂亮，他說特別是去了西雙版納，去了桂林——桂林山水甲天下嘛——感到中國真的很美。但是他說為了要看到這些美麗的山水，我的代價就是我必須睡在地上，因為中國沒有旅館，沒有像樣的旅館。後來就說我們為什麼不來建旅館，資金不夠可以吸引外資。然後有一個華裔商人願意出三千萬美元在中國建設一個五星級飯店，當時是批准了的，批准了在這裡建。但是後來建不了，因為這個五星級飯店背後就是外交部、中央部委的宿舍，在這裡建房子會比較吵，等於是在搞破壞。後來小平同仁發話了，十七個中央政治局委員簽字，小平同仁說一定要讓它建。當時有些人說怎麼允許搞合資企業，讓資產階級的東西到中國來？讓資本來到中國？這個是絕對不能搞的。當時就是這麼一種觀念，認為如果私營企業進入中國是

冒天下之大不韙的事情。但是我們現在回過頭來看，到處都是五星級飯店，在武漢就有不少，天也沒有塌下來。這就是一種觀念改變的進步。這張圖片是深圳。為什麼深圳人民感謝鄧小平？深圳過去是一個小小的漁村，你讓它做，它的經濟就會發展，你不讓它做，它就是一個漁村。那麼這是什麼意思呢？就是說好多事情不用管得太死，給老百姓一份自由，讓他們自己去尋找他們可以尋找到的一個發展和改變的形式。

所以我們要做的是承上啟下，即過去的東西我們要接受、要承認，但不是全盤接受，不是全盤地沒有辯證地沒有批判地接受，要考慮這個傳統到現在是不是仍舊合理，我們是不是應該挑戰傳統。我們現在需要一種新的社會形態，這種社會形態就是剛才講的和諧社會，也是中央提出來的目標。新的組織目標需要有制度保障，需要制度來保障這些得以實現。還有一個是需要有新的治理的思想，就是要讓公民參與。當官不是什麼事情都替老百姓做主，而是讓老百姓自己也做主。一方面我們需要以人為本，為人民服務，這個當然是最好的。但是還有一種思想是什麼呢？以人為本第一步就是讓人民為自己服務。這個就是我們說的小崗村和建國飯店的事情。中國改革開放最大的一個成就，就是說要讓老百姓為自己服務。先不要說政府為他服務，政府能為他服務當然是最好的，但是政府並不能管他的一切。因此這也是一種思想，叫作新治理思想。公民參與就是讓他們自己也參與進來，為了自己好。還有一個是新文化內涵，新文化內涵就是我說的好上加好。就是說要有追求才行，不要安貧樂道，要追求中產階級的生活水準。當然我們不講家有良田萬頃，中國沒有這個條件。日本相對來說沒有什麼資源，還有新加坡也是沒有資源的國家，但是人人都很

富有。這說明管理得好，人可以創造財富。因為吃飯都是小問題，最大的問題就是人類追求的是什麼？追求生命與自由。現在我們經常就要談民主，要談選舉，要講投票，其實不要忘記了，最神聖最重要的東西是什麼？是生命。只有生命還不夠，還要有自由，沒有自由的生命就是行屍走肉。像奴隸的生活，他生活得有什麼意思？像豬一樣的生活有什麼意思？所以有人說：生命誠可貴，愛情價更高，若為自由故，兩者皆可拋。還有人說：不自由，毋寧死。為什麼呢？因為自由才能體現出生命的價值，才能將生命的價值最大化。

所以在這些操作標準中，不要老是去追求形式上的投票。第一步我們的政府、我們的公共管理體制能不能保障老百姓的生命權，這個是基本的權力。再就是要盡可能地讓他發揮生命的自由度，讓他的生命活出精彩，創造出更多的輝煌。不可能有全部的自由，但要盡可能地讓生命的自由極大化，讓老百姓有自由，但又不危害別人的自由。這個新的社會的管理，要追求卓越，不是說追求平穩，模模糊糊就好，而是要越來越好，而且需要的是最優秀的東西。不是說關心老百姓就夠了，而是說要讓老百姓活得精彩。我這裡舉幾句詩的例子來反映我剛才講的思想。張載說：為天地立心，為人民立命，為往聖繼絕學。我改一下：讓天地有心，讓生民活命，讓往聖絕學不絕。讓天地有心，就是說不一定要你來立心，你讓大家一起來討論，然後讓大家有一個共識，這個就是心。往聖絕學是很好的，但如果把這一切都放在一個人那裡管，那不一定行。要藏富於民，好的東西可以在不同的人那裡留下來，而不是說自己一個人留下來。我舉個很簡單的例子，中國有很多古文物，但是經過多年的戰爭不見了。我剛到美國讀書的時候，看到美國的一個人就是靠中國古文物發了財的，他收藏了很多

中國的古玩，那些東西中國人自己都沒有，被他們拿去了。還有臺灣人把一個小白菜一樣的東西放在博物館裡面，說這個是我們的寶貝，我說我是一個外行，但我還是比較喜歡看我們故宮裡面的那個大鼎。他們說那個東西容易做，但是這個小白菜是世界上唯一的一個。絕學也是這樣，優秀的寶貝可能在別的地方，我們把它們全部放在一起還有可能把它們都破壞了。但是如果有一個好的體制，就是可以讓老百姓敢於拿出來展示，那麼這也是一個很好的制度。所以我們現在的說法就是不一定一個人就大包幹地把所有事情做完，能不能有一個制度讓每一個人都參與到其中去？就是說這個新的治理思想就是讓世界、讓社會和諧太平，充滿活力。而作為政府、作為公共管理這個中流砥柱的力量它在叢中笑，就是說它不是一枝獨秀，什麼都要經過它，而是將它作為一種激勵的力量，讓大家都能夠共同來參與到這些過程中。

再一個就是新文化的內涵。我們不要滿足於家有半畝地就心憂天下，就是說我們要家財萬貫，心憂天下。人人家財萬貫，不僅僅神交古人，也神交我們同一時代的人。康德說有兩種東西我對它們的思考越是深沉和持久，它們在我心裡激起的敬畏和新奇就日新月異，這就是我頭上的星空和心中的道德定律。這句話說得非常好，但是我覺得它太空了一點。頭上的星空，無論是哪一顆星，我們都摸不到，這些東西怎麼來指揮我們的行動呢？心中的道德定律到底是什麼呢？康德他是心中有數的，但是我必須要讓它具體化。關於道德定律，我舉一個例子大家就知道了。比如說讓一個孩子，到鄰居家的紅薯地裡偷一個紅薯來救他快要餓死的母親。那麼他是違反道德的還是不違反道德的？說不清楚。要是從救命的角度、從他母親的角度，那麼這個孩子

是大孝了，他突破了一切世俗的東西來拯救他母親的生命。要是從鄰居的角度來說，這個是他的產權，是他辛辛苦苦勞動的成果，怎麼能說拿走就拿走呢，所以這樣做是不道德的。所以說心中的道德定律比較玄乎，就是不太清楚，站在不同角度有不同的解釋。所以我就把它改了，我說這兩種東西啊，我越是對它思考得深沉，它在我心中激起的新奇和敬畏就越是日新月異，在心中不斷地掙扎，這個就是生命的力量和它總是在孜孜追求的自由。「生命」是底線，如果每一位搞公共管理的人員都有這麼一種情懷，他的第一位的任務就是保護人的生命，這才是最重要的東西。但是只有生命還不夠，只有生命他也可能是行屍走肉，所以還要讓生命擁有自由，讓生命的價值最大化。這裡還有一句話我也改了，這是艾青講的一句話：為什麼我的眼裡常含淚水？因為我對這土地愛得深沉。這是偉大的愛國主義情操。但是我還有一種新的公共管理的思想，就是我不僅要愛，我還要讓它更好：為什麼我的心中充滿著自豪，因為這灑滿陽光和幸福的土地就是我的家園。如果將一個國家這麼管理，管理者高興、自豪，老百姓也高興。這個就是我們的一種新的管理文化。

2008年於華中科技大學演講

歐陽來祿根據錄音整理

和諧社會與法制建設

高其才　清華大學法學院教授

　　各位老師和同學晚上好！我很榮幸來到華中科技大學，以「和諧社會與法制建設」為主題進行交流和討論。最近幾年，我國的提法和一些做法有了很大的改變，其背後有深刻的社會背景，包含著我們的黨和政府對我們所處的歷史時期的新認知。我們發現新出現了很多口號式的標語，比如節約型社會、和諧社會、科學發展觀等。除了它們的政治因素之外，我想至少從社會治理方面來說還是有很多值得分析、把握和解讀的內容，從而對中國的未來發展方向有所啟發，所以今天晚上我將從三個方面與大家一起對《和諧社會與法制建設》進行解讀：第一，我們要把握「和諧社會」提出的背景；第二，我們要了解和諧社會和法制建設之間的關係；最後，我們怎麼樣通過法律來建構和諧社會。

　　按照現在的說法，和諧社會是我們中國特色社會的本質屬性，其原因的探究應該從歷史和現實兩個方面進行討論。從一般社會的角度來說，不僅僅是當代的中國，而且古代社會、西方社會也要強調社會的和諧，但是社會和諧和和諧社會的建構上還是會有一些差距。我們主要從兩個方面來討論這個問題。首先是從古代社會的社會理念上來討論，我們所熟悉的儒家、法家的一些觀念等，都有一些中國的特點。我們發現，中國文化是一種內涵性的文化，而不是一般認為的

「君主文化」、「聖人文化」，也不是西方具有侵略性質的「強盜文化」。中國文化從早期就奠定了求同存異的基礎，《左傳》中強調「如月之恒」，《老子》中的和諧社會是各得其所、各安其居的「小國寡民」式社會，《易傳》在探究社會發展軌跡的時候提出一個「太和」，按照張載的說法，「道」既包含著浮塵、升降，又包含著動靜的一種屈伸的社會狀態。西周末年所提出的一個著名論斷「和實生物」，強調了不管是人類社會還是自然界，只有通過「和」才能「通達而萬物歸之」，不能以「同」比之，這樣才能保持充滿活力、生機勃勃的狀態。我們會發現中國社會裡面所謂「和而不同」，不是以「同」求「和」，而是在不同的情況之上尋找一種「和」的狀態和目標。從中國的一種基本狀況來說，古代的思想家們大多都強調中庸，認為社會治理不能絕對化，對社會秩序的取得強調一種平衡，統治者和民眾之間要保證一種平衡的關係，統治者內部君王和大臣、後宮等因素，包括中央和地方都要保持一種均衡狀態，天地萬物歸附中和，儒家強調剛柔得道，董仲舒也是強調「德莫大於和，而道莫正於中」，所以人「以中和立天下者，其德大聖」。一些宋代的理學家也十分強調「中也，和也，終極也」，認為只有如此天下才能達到大道。我們需要注意的是，從中國古代的這些思想家、學者的主張和言論中可以看到，中國不同於西方構建了一種內和的生活狀態，即講求人和，要保持內心的平靜並適度控制自己的欲望，社會則要中和。以中國古代來看，和諧強調以下幾個層面的含義：強調不同事物或差異事物之間的融合、統一和並存，強調社會政治層面的安定狀態，倫理上強調的是社會倫理原則和思想方法，哲學上強調的是人和環境的協調。從這個角度上說，我們是從中國固有的思想裡面感覺社會的理想場景，為此我

們制度的安排即以此來進行。我認為，中國古代社會的構建和西方社會有很大的差異。回到當代社會，所討論的和諧社會應當是以下幾個層面：第一，它是一種協調的社會，包括人與人之間、人與自然之間；第二，是盡可能各有所得的社會，我們發現和諧社會強調的是一種經濟方面、是一種政治方面、是一種社會方面的問題。從一些報告中，我們得知當代中國和諧社會強調了：第一要進行社會主義和諧社會的建構，明確現代化的方向。回顧和諧社會的發展過程，在中共十六大的報告裡面在討論小康社會時提到「到二〇二〇年中國實行小康社會的時候比二千年社會更加和諧」，在三個「代表」提出時我們要建立「各盡所能、各得其所、和諧相處」的社會環境，在十六屆四中全會的時候黨的執政能力建設中「構建社會主義和諧社會」，強調「民主、法治、公平、正義、誠信、友愛、充滿活力、安定有序、人與自然和諧相處」，二〇〇六年十月正式通過了「構建和諧社會」的決定，強調和諧社會是一種經濟建設、政治建設、文化建設、社會建設相一致的社會狀態，這裡「社會建設」的提出是由中國近代比較混亂的社會環境所引起的對社會制度的一種關注，改革三十年的時間使得中國由一種非常態化的社會進入一個常態化的社會之中，過去政治一元化、經濟一體化、觀念文化唯一性的特殊狀態下的社會方式，在改革開放後回歸到了人的本初和生物特性、社會特性之中，經濟的多元化、觀念的多元化，使得社會結構發生了深刻的變化，在這樣的社會狀況下，我們會感覺到中國的社會在發展，人的選擇在多樣化，但是我們也會發現一些資源配置的問題，以及比較突出的民生問題等衝突。從中國的現狀來看，我們需要對社會安排進行新的討論。對於和諧社會的理解，無非就是制度性的安排和權力的保障，原則上即是要

堅持以人為本、堅持民主法治等。

　　下面，我們重點講一下和諧社會與法制連繫在一起的原因。在和諧社會建設中，腐敗問題層出不窮，一個人的腐敗或者局部的腐敗可能是一個人的問題，但是集體的腐敗就應該值得我們思考是否是制度和預防出現了缺陷。在過去的現象中，我們發現腐敗是一種運動式的方式，比如專項運動等，從而使得社會的矛盾更加突出。從法制角度思考和解決這些問題，首先要明白和諧社會是一種理想狀態，要把它從理念轉化成一種制度，就需要法律的支撐。現代社會以來，我們發現社會規範本身是競爭的，人類社會早期的宗教規範、倫理規範、法律規範等，到現在的法律規範、倫理規範、宗教規範等，其地位和功能不斷在發生變化。現在的時代是「法律帝國的時代」，任何人與人之間的行為和社會關係的處理都離不開法律，這與法律的特性相一致，其主要是強調規範性，從一般意義上概括性地進行行為的調整，具有普遍性，其前後一致，可重複使用，並且其具有可訴性的特徵，它有一整套糾紛和爭議的解決機制以及權力的恢復狀態，這是不同於宗教上服從於一個超自然的力量和倫理上對自身的認識和內控的，道德規範具有自我理解性或個別安排性，法律規範則有一系列的制度解決的問題，現代社會越來越需要實體正義和程式正義相結合的一種社會規範安排來滿足我們的欲望，法律規範的特性有其存在的必要性。法律在和諧社會建設過程當中，一要協調利益關係，在各種各樣的利益面前法律是相對適中的；二要為社會創造活力提供條件，和諧社會強調主體意識和創造活力，其持續性一方面有賴於領導人，另一方面有賴於機制的平穩激發，相比而言唯有法律可以幫助其持續下去；三是維護社會的安定有序，社會治理不能一味依賴高壓統治，必須採用

法律；四是提供人與自然和諧相處的制度保障，從法律上來看，一般認為人是主體，但現在有觀點建議將其他生物也要作為主體進行保護，並且在國外已經有了典型的案例。和諧社會中一方面要考慮本我、身我、心我的和諧，三個層次的和諧即個體行為與心靈的和諧、個體與個體之間的和諧、個體與外界環境的和諧，三者相互連繫，法律對於維護三者間的和諧，有其意義和價值。

　　現在，我們需要討論的是和諧社會的建設中法律需要轉變過去固有的理念。我們的主流學說——馬克思主義學說有其科學性，對人類社會發展中一些現象的把握和解讀比較有價值。對於社會形成集體的原因，西方有兩種解讀，一種認為集體形成的基礎是合作，一種是馬克思所認為的集體形成的基礎是衝突。從當前社會看來，目前的社會更趨向於合作，所以我們需要新的法律語言。第一是人本法律觀，即尊重人性，包括動物性和社會性；第二是保障人權；第三是實現人道，把人當成人，把其他事物人性化；第四是弘揚人文，越通過法律的發展越收穫對人的思考，從而樹立人性尊嚴，需要明確的是，法律的調整對象是行為。此外，我們還要思考權利本位，中國的特權觀念是根深蒂固的，權利的觀念和保護意識是比較弱的。另外，我們應該注意公民的私欲，中國的物權法基本上還是城市物權法，對於農村的事物關注比較少。還有一個是國家責任，過去我們一直強調國家利益高於一切，而現在，我們要意識到國家並不一定能做好很多事情，所以要給它設立好邊界，從這個意義上講，我們要進行一種理性的法律，在協商的基礎上妥協，盡可能滿足人的基本欲望。從法律意義上講，在和諧社會建設的過程中需要樹立一種比較寬容的態度，比如同性戀現象，從而推動社會的和諧發展。我們要確立實質的法律，一要

理性，二要堅守社會正義，維護人與人之間的平等，三要強調法律統治，社會的和諧不是依賴運動和命令，而是互相尊重和互相妥協，關鍵是要解決制度性的不公。我們要健全社會機制，包括激勵機制、利益表達機制、整合的平衡機制和利益的救濟機制等，對於社會中存在的權力維護困難或者缺乏代表的情況，需要創新法律對社會的調整機制。在此過程中，政府需要處理好管理與服務的關係。

最後，我們來談談如何通過法律的制定和實施來盡可能地實現和諧社會的理想。第一要強調依法治國，不能按照不穩定的人的觀念進行統治。第二要加強立法工作，我國的法律存在缺乏某些領域如社會領域的法律和品質不高的問題，因此我們要制定新的法律，還要修改和廢除不合時宜的法律。第三要重視法律的實施，強調穩定，完善司法機制，推進司法改革，完善司法的便民措施，解決「打官司難」、「打官司貴」、認定「寬」的範圍和調解問題的弊端等問題，以及嚴格執法的操作性等問題。我們通過法律建構和諧社會，一個是傳統的問題，一個是國情的問題，還有一個是發展的問題，但是總體上是要腳踏實地地實現我們和諧社會的理想。這就是我想要跟大家交流的一些問題。

2008年於華中科技大學演講
馬瑩根據錄音整理

社會正義與自由平等
——當代政治哲學的熱點透視

顧　肅　南京大學教授

　　在最近這二十年，我一直研究社會正義、自由、平等的問題，實際上也是我們中國社會今天面臨的一些非常重要的問題。就我所說的所謂政治運動來說，其實我們就涉及一個正義的問題。對別人的公正，對自己的公正，對領導者、被領導者、發動者的公正，等等，公正實際上都是一個最基本的出發點。另外作為公民來說，我們的自由和平等也是每天都在講的問題，但實際上從理論上來說，它有很深奧的內涵，西方也經歷了這個過程。最近我們遇到了金融危機，在我看來，金融危機最大的作用就是使得我們開始重新審視我們的制度，有一個整體的世界性的審視。以前大家都會認為只要搞市場經濟，每個人都去賺錢，也許我們就能帶來越來越多的繁榮，但其實至少在最近的這三十多年，人們對此已經有了多次的反思。最典型的就是一九七二年羅馬關於增長的極限的會議。現在我們已經遇到這個問題了，我們人類經濟發展的增長絕對不是一個可以無限發展的過程，發展的增長是有極限的，這個極限的表現主要是有各種各樣的因素在制約著我們，其中最重要的就是環境。其次是我們人類自己，人口的增長跟我們未來的經濟很可能也是不能相容的。再過半個世紀，據說人口要增長到一百億。所以人們在反復地思考這些問題。

　　兩次世界大戰對於人類來說是一個非常慘痛的教訓。西方的一些

思想家、政治哲學家，恰恰是在兩次世界大戰結束以後開始重新反思社會的正義的問題。因為我們曾經有那麼多了不起的科學發現、發明，非但沒能造福於人類，而且還在西方最發達的國家之間進行了這兩次死傷不計其數的戰爭，所以大家都開始了反思。其中美國有個哲學家叫羅爾斯，他是這場反思的帶頭者。二戰期間他作為美國的一個軍人，在太平洋戰場上參加過太平洋戰爭，但他沒有到前線作戰，他在司令部工作。即使如此，他在日本、在太平洋、在一些島嶼上都看到了那些戰爭的殘酷場面，同時他自己也感覺到了人與人之間的不平等和不公正是隨時都可以看到的。所以他在戰爭結束後回到普林斯頓大學繼續讀書時，讀的即是哲學系，寫的論文就是跟道德有關的。所以在今天，道德絕對不是我們所說的那樣可有可無。他自己一直在反思戰爭和美國的種族問題、黑人問題，還有各種各樣的不公平的問題。他的學生回憶他當時的反思過程時指出，他的老師在反思過程中比較喜歡用舉例的方式來闡述問題，如他會說你看我是生長在一個白人基督教家庭背景中，從小的時候，我的父親就是一個好的律師，他給了我好的待遇和生活環境，雖然我經歷過戰爭但是我很幸運，我在司令部工作，日本人的槍炮打不到我。但是他又說，我的很多同伴，甚至就是我的街坊鄰居的孩子他們就沒有我這樣的經歷，為什麼呢？因為他們很可能被送到第一線和人家打仗去了。戰爭是殘酷的，說不定他們就把自己的熱血灑在戰場上了。不僅如此，如果你出生在一個黑人家庭，那麼好的小學和中學幾乎都上不了，更不要說上好的大學，我們兩家人從一開始的起點就這麼的不平等。羅爾斯還講到，從小我們在一起玩的時候全是白人中產階級家庭的孩子，有一次我到我們班上黑人孩子的家中玩了一次，結果回來以後就受到了我的母親和

我的外祖父這些人的批評，告誡我說你不能到這種人家裡去玩。這就是羅爾斯的一個反思：我們的正義在哪裡？我們的普遍的正義在哪裡？在同學之間，我們就已經有這麼大的隔閡了。所以他認為追求正義是我們人類永恆的主題，並將其一生獻身於此事業。他從研究倫理學、研究功利主義開始，然後向前推進。一九七一年出版了一本書叫《正義論》，在這本書中，他認為組織良好的社會應該具備最基本的正義的原則。這本書是二十世紀最重要的經典之一，直到今天我們中國人和世界很多國家的人民都還在讀這本書。這本書系統地探討了正義的問題，指出了我們人類所面臨的各種各樣的基本問題：人類有沒有正義，如果有正義，正義是什麼，有沒有什麼基本原則？

羅爾斯的主要出發點就是康德的理論，他從康德所繼承的社會契約論中進行重新整理，並以此為基礎來探討正義的原則。他把社會看作是人們或多或少自給自足的一個聯合體，他們在相互的關係中認識到具有一些約束力的行為規則，並且基於這些行為規則而行動，這就是一個合作的體系，同時大家應該遵守這些基本的原則。我們通過人類理智的選擇，最終得出了每個人都接受並且知道其他人也都能普遍接受的一些正義原則，而且各種基本的社會體制也普遍符合這些原則。最終他說我們的正義概念架起了友好的橋樑，使得不同的種族、不同的階級、不同的民族之間可以建立起一個良好的社會秩序。這樣的一個任務是我們今天每個社會都要去安排、去研究的。接下來我將舉些例子說明，這個關於正義的問題其實絕對不只是我們中國的問題，而是世界性的問題，美國人會遇到，英國人會遇到，法國人也會遇到，所以我仍然認為，對於正義的追求是一個全人類的普遍的命題。後面我會講到，羅爾斯為了建立普遍的正義原則，確定了兩條正

義的基本原則，並對此做出解釋。然後再介紹一下別人與他的爭論，並列舉一些例子說明我們身邊就會遇到的同樣的一些問題。

羅爾斯為了建立這兩條原則，遍尋各種各樣的理論前提，最終還是從社會契約論出發來進行理論框架的構建。假設人類在文明的初期，每個人都很理性，為了找到一些適合我們普世的原則，道德的也好，政治的也好，正義的也好，我們都是在一個原始的契約中訂立條約的，為了避免社會同歸於盡，我們就會制定這些條約來互相約束。這個條約就好像我們做生意時簽訂合同一樣，它是一個社會的大合同。我們訂約的過程就是互相的商討，最後訂立了一個正義原則，這個原則是普世的。羅爾斯自己說為了使我的原則純粹，我就假設當時每個人都在「無知之幕」之下，就是說我們所有的人對於自己的背景都是不知道的，不知道我的家庭出身，不知道我的種族，不知道我的膚色，不知道我的階級，甚至不知道我的教育背景，這就是無知之幕，我們後面的東西都被擋住了，只是我們自己，然後跟另外一些同樣背景都被擋住的人進行商談。這樣預設的好處是什麼呢？就是普遍性。因為只有這樣的一個假設才能得出普遍的結論，假如我們每個人談判的時候都知道自己和對方的所有條件，那麼商談起來就太麻煩，每個人都會想自己的條件和取得什麼優勢，因為我們總是會以自己的優勢條件去討價還價，設置對自己有利的原則。所以我們假設所有的人都處於無知之幕的前提中，甚至不知道自己的性別，為的是避免男女不平等的關係：男性可能從自己的優勢出發，女性可能從自己的條件出發，談判就得不出結論來。在無知之幕的前提下，我們得出的普遍原則就是正義原則。他認為倫理和道德、基本的正義原則和政治原則，都應該從這個條件出發經過這樣的談判得出來。

關於這個問題，很多人提出了批評，他們認為無知之幕只能是個假設。人類不會有這個無知之幕，甚至國家是怎麼產生的我們都很難說清楚。對於羅爾斯與其他學者的爭論，批評者提出了各種理由。羅爾斯說，這就是一個理論假設，並無考古學的證明，也沒有社會學的證明，但是，批評我是理論假設的人，你們也是要有理論假設的。所有的社會理論都要有假設，為什麼你能假設，而我就不能假設呢？我這個假設就是想得出一個普遍的結論，在決定關係著我們的命運的時候，得出最普遍的東西。人文社會科學經常是從假設出發的，很多人包括「左」派批評羅爾斯的基本出發點也都是用假設來推導出他的反對的理論的。今天很多人都否定普遍的價值，認為每個社會都是獨特的，價值僅相對於具體的社會和文化而存在。那麼，我們背後到底有沒有共同的、普遍的價值？有的人說壓根就沒有共同的東西。但是，為什麼我們能夠一起討論問題？為什麼我的話你能夠理解？顯然我們還是有一些共同的價值基礎。羅爾斯認為有普遍的正義，這個普遍的正義就是在一般的社會下最終通過這個契約而定出來的，因為有了正義我們才能有一個規範的旗幟。規範的理論有一個優點，就是會給你一個理想。很多人太實在、太現實，生活中一點理想都沒有。而且他也不知道所有東西存在的背後還有一個規範，人沒有規範怎麼生活，就像人沒有幻想沒有理想將會如何前進一樣。政治哲學和道德給我們的就是規範。這個規範很可能在現實生活中沒有那麼多，很多人也不完全按照它來行事，但是，有它作為一個美好的旗幟，就已經意義非凡了，而且它在實踐的指導上也具有很好的意義。政治哲學規範的力量有時候會給人重要的啟示，比如說我們可以無情地進行競爭，可以有各種各樣的想法，但人的能力是不一樣的，有優勢的人可能說他永

遠有優勢，這樣就會造成人與人之間的不和諧，那麼這個時候為什麼不應該建立規範的原則，讓人們更好地處理相互關係呢？這就是羅爾斯一生為之奮鬥的正義的原則。他認為通過這樣一個原始契約推導出來的結論，主要是兩條正義原則：

第一條就是平等的自由原則，指每個人都具有這樣一個平等的權利，即跟其他人同樣的自由相容的最廣泛的基本自由，這就是所謂平等自由的原則。第二條原則是不平等原則，就是說社會和經濟是可以有不平等的，這樣的不平等是這樣安排的：第一個就是合理地指望它對每個人都有利，第二個就是地位和官職對所有人都開放。

第二條正義原則說的是，社會人與人之間可能是不平等的，主要是收入的不平等。羅爾斯認為這種不平等是可以允許的，但是必須要有條件限制。一個是它對每個人都有利，第二個就是地位和官職對所有人都開放。後來他又做了更系統的闡述，就是指必須讓最不利者得到最大利益，這與前面的說法即對每個人都有利相一致，突出的是讓不利者得到最大的利益。地位和官職對所有人都開放，而不是讓一些人擁有特權，剝奪了其他人的機會，也即是職位和機會對所有人才都開放。

這兩條原則對於中國來說也是適用的。第一條就是基本的自由，比如說言論的自由、選舉公職的自由、不受隨意逮捕的自由，假設你要逮捕我，就必須有正當的理由和條件，這就是今天我們的法治給我們的最基本的一些保障。這些平等的原則在今天已經家喻戶曉了。大量的律師基本上都在做這種事情，維護這些基本的權利。幾年前，在廣州有一個民工正在外面走路，因為沒有暫住證，就被員警抓起來了，關在收容所裡，當晚在別人指使之下被打死了，這件事發生後，

引起了軒然大波。那個時候很多人都在報紙上和網路上呼籲必須廢除收容審查制度，這個制度是在「文革」後期建立的，是嚴重的不公，其中最大的問題是對農村人的歧視，只是因為沒有城市暫住證就要受到這麼大的歧視，這是違反憲法的基本原則的。

平等權利問題，我們每天都會面對。各位同學都經過高考，高考的本意是以分數來衡量人的能力，從而作為錄取學生的標準。但如果分數線設置存在差別，就會存在不平等的問題。這個不平等就是所謂的權利的不平等。後來就有青島的考生將青島市教委告上法庭的事情發生，理由是高考分數線設置是不平等的。高考大省與高考小省之間的差別很大，這就是一個基本權利不平等的問題，為什麼我的出生地、我的戶口所在地就決定了我的分數線，這就是一個大問題。在美國也有同樣的問題，他們叫作反向歧視。由於黑人多少年來的教育受到了限制，所以他們的起點就比較低，為了照顧他們，美國政府採取了一個叫反向歧視的政策。以本科入學的能力考試成績為例，黑人的分數線要比白人低二百分左右，白人又要比東亞血統的黃種人低二百分左右，因為黃種人考試水準太高了。哈佛經常都在進行一個討論，即進哈佛等名校，亞洲人尤其是中國人分數是最高的，其次是白種人，黑人是最低的。只是因為我的膚色的不一樣，我就要比別人更努力才能進哈佛，為什麼？這是歷史造成的一個後果，因為黑人曾經做過奴隸，教育程度不高，為了讓他們有更多的機會提升自己，因而把他們的分數線降低了。但有的白人就會不服，比如醫學院大量的白人經常訴訟給黑人留錄取名額的校方。他們會覺得吃虧了，因為你的分數線比我低那麼多，導致你有機會進來了，我反而沒有機會了。美國加州大學的若干校區，還有哈佛大學等，都遇到過這樣的訴訟。這實

際上都是平等權利的問題，所以這種機會平等的問題隨處都可以見到。當然對這個問題也沒有一個統一的解決方案，因為太複雜，有歷史遺留的因素。有的人認為，這些大學之所以降低黑色人種的錄取分數線，主要是因為有一些階層包括黑人階層從事醫學的人，他們還是會到他們自己人居住的社區服務，為了給他們有這種照顧和服務的機會，就會給他們留下錄取名額，讓他們當中學醫的人能夠更多，然後可以回到原有社區進行服務。可見這就是歷史造成的一個不平等，所以反向歧視的政策也有一定的道理。但是，別人經過仔細調查之後發覺這種說法也不對，因為大部分學了醫以後的黑人也沒有到黑人社區去服務，這又是另外一個問題了。以此就可以知道一個簡單的問題當中，原來會有那麼多的哲學的和法律的思考。

其實在這個方面還有其他類型的問題，比如說言論的自由。為什麼要給人言論的自由？最大的一條理由就是每個人充分表達意見以後，這個社會就會得到充分的資訊，人們在此基礎上做出的決定基本上會是最理智的，這是言論自由所闡述的一個基本問題。

有人曾研究過我們常見的招聘廣告，比如某某公司要招聘員工，設置了一些條件：一、男性，二、年齡三十五歲以下，三、身高一點六五米以上，四、211高校本科畢業以上，等等。仔細分析一下，這些條件的設置按照憲法的要求來說還是存在歧視的。為什麼三十五歲以上的就不能幹了？為什麼這個工作男人可以做女人就不可以做？這些歧視冠冕堂皇地、公開地成了招聘的條件。所以羅爾斯研究的這個問題具有國際的意義，每個社會都會遇到。在法治的條件下，如果公開出現這樣的廣告，那是可以進行基本權利的訴訟的，可以訴訟這個公司違背了基本的憲法！

全世界自二戰以來已經過去大半個世紀了，人們還在為平等權利而孜孜不倦地奮鬥，各種弱勢群體、少數族群越來越努力提升自己的權利意識。在職業晉升上，經常有所謂的玻璃天花板的問題，意思就是這個社會看起來很透明，可以一眼看到頂，但是在中間偏上的地方會有個玻璃天花板，有一些人是永遠上不去的。到這個地方之後就上不去了，比如說黃種人、華人，在主管這個級別到一定程度上再也上不去了，在政治界，到一定級別再也上不去了。現在人們又繼續針對這個玻璃天花板展開爭論，這是一個文化習俗所造成的所謂的無形潛規則，所以在美國也是不斷地要破壞這個潛規則，要不斷地往前走。任何人都不能用一個普遍規則去歧視別人，因為這會違反基本的正義原則，這就是羅爾斯討論所具有的普遍的意義。所以正義理論的討論十分有意義，它推動了歷史的進步。

第二個正義原則，就是我們說的差別原則。剛剛我已經說了自由平等是普遍的，羅爾斯認為這是最重要的。但是面對人們之間的差別，也是要有所謂的機會平等，這就是機會對人才開放。不能夠只給一些人機會，不給其他人機會，所以所有崗位的招聘都必須是公開的。就是說一個社會可以有不平等，經濟上不平等是各種各樣的原因造成的，但是你必須要機會開放，你不能因為一個人的出身、性別等這一切條件而剝奪他擁有這個機會的權力。現在我們國內也開始做這些事情，所有的崗位招聘都是公開的，包括現在的官員選拔也是公開的。我知道後面的玻璃天花板也是有的，這一點就使得我們改造文化的任務更艱巨了，但是至少在形式上這一塊它也符合這個原則了，即必須公開。比如說江蘇省這一次就有十六個正廳級幹部全部公開招聘，向全社會招聘，可以不是江蘇省的，所以外省的人也有報名的，

到最後筆試、面試留下五個候選人進行電視公開直播的辯論，然後有專家提問，全省的人都看得見。當然這個有作秀的成分，因為它沒有實質性的競爭，但是它畢竟在形式上做到了機會公開。這實際上都是大家普遍知道的一些最基本的東西，羅爾斯只是對它做了一個系統的說明。

另外一個就是福利主義的原則，這是一個讓最不利者有所得利的原則。它主要是指在美國社會，像黑人這些最不利者受到了很大的衝擊，然後一生就生活在這樣一種不公正的狀態中，所以應該讓他們有所得益。有人將它概括為這是福利國家的一個原則，羅爾斯拿過來之後就變成了他的正義原則。這個正義原則的立場有點中間偏左，但在今天看來這個原則仍然還是重要的。現在的中國面臨的就是這樣一個問題，我們會發現社會大量的犯罪跟最不利者那個階層有關係，不是說全部都是，但至少相當一部分人是。很多人都認為我一生遇到不公，我們整個家庭遇到不公，所以我只能用這種方式來行事。這些最不利者如果狀況越來越惡化，他們心理上的仇恨反差越來越大，就會導致最有利者也跟著倒楣和受到傷害。美國社會就遇到過這樣的情況，大量的犯罪是最底層人的犯罪，使得每個人都沒有安全感。所以羅爾斯說這是一個鏈條式的連繫，當你給予最不利者以補償的時候，它可以像鏈條一樣波及有利者。最不利者如果越來越惡化，他對於社會的觀感以及剝奪感，可能就會製造出仇恨。為什麼西方福利國家一直在做這些事情，因為這是對人生活在一個體面的生活狀態的補償所需要的，關於這個問題有大量的討論。有人說他之所以是最不利的，是因為他懶惰，但是羅爾斯也討論過，他說不能一概而論地說都是因為懶惰造成的，因為還有歷史的各種各樣原因造成的。有時候人很勤

勞，只是因為機遇太少，或者是體制性的問題，使得他沒有機會發揮他的才能，所以處於不利的狀態之中。這個體制性的問題需要社會改造來解決。如果總是從道德上去譴責那些最不利者，最終你得到的將會是不公正，因為有的人的確不是因為懶惰造成了不利的狀況。對這些不管什麼原因造成的不利者，我們社會仍然要給予一定的補償，使得他不至於越來越惡化。對於我們的性別、家庭財產、社會階級等這一切，羅爾斯認為它們的分布是隨機的。一個人突然間出生在某一個家庭，那是偶然的，如果他出生在一個較好的家庭，他就會得到很多好處，從上學開始各方面條件都會越來越好，他就會不斷地處於優勢地位，這個從道德理論上來講是偶然的，沒有應得的理由。一個好的制度本來就不應該考慮這樣的一個應得，而應該考慮後面的這些制度安排。從世界範圍來看，福利國家的社會治安還是很好的。我在德國、奧地利和一些北歐的國家發現有的小城市真的路不拾遺、夜不閉戶。這就是羅爾斯所說的正義原則具有的普遍的意義，當一個社會中沒有生活在非常惡化的狀況下的人時，大概社會的總體道德水準的確是很高的，從而就會減少惡性犯罪。這是羅爾斯給予我們的非常重要的啟示，也是我們今天必須認真加以考慮的問題。羅爾斯吸取了福利國家基本思想的精華，同時又對它做了一個新的論證，使之具有一個普遍的意義。

關於羅爾斯的社會福利的思想，有些人提出了批評。一些極端的自由主義者、古典自由主義者就認為這樣做是不對的。因為一個人處於這樣一種境況，完全是由各種各樣的因素造成的，各種因素太複雜了。像哈耶克這些人就認為這樣做有點太極端，不太合理，我們為什麼要從各個角度去補償他？從而這就造成了羅爾斯與極端自由主義者

之間的重要的爭論。這個爭論在今天仍然在繼續，沒有普遍的定論。這樣的理論爭論對我們來說也是很有意義的。中國社會發展到一定階段以後，應該從這個方面著手做一些更好的事情，否則我們的社會矛盾也會越來越激烈。

羅爾斯寫出了兩條正義原則，後來其他的自由主義思想家也做了一個闡述。比如說德沃金，他是美國的一位著名的法哲學家，他一生都強調平等對待的權利，認為集體的目標始終指向社會的福利。比如說經濟效益是一種集體的目標，它要求機會和責任的分配產生最大量的經濟利益，為了實現這樣的經濟目標，政府可以有選擇地在某些工業部門實行補貼，但主要是靠市場來決定。所以德沃金認為，羅爾斯提出的問題具有基本的、普遍性的指導意義，它是一個普世的原則，這個對於我們來說任何一個社會都是十分重要的。

下面我們就簡單說一下其他一些人對羅爾斯的批評。關於正義，有些人是程序正義論者，有些人是實質正義論者，有些人是兩者都要的。羅爾斯本人是程序正義基礎上的實質正義。程序正義就是我們的基本規則應該是正當的、普世的，這就是我們常說的法律面前人人平等。比如說不應該有特權，總統的兒子、國家主席的兒子跟我的兒子、農民的兒子在法律面前都是一樣的，如果他犯罪的話，他面對的是同樣的司法程序，同時他都要走同樣的程序，比如說都有請律師的權利，都有得到辯護的權利，都有得到公正對待的權利，這就是程序正義。西方的程序正義在法制上有很長的歷史。羅爾斯堅持程序正義是一個基本條件，但是在程序正義之上還有實質正義。實質正義就是我剛才說到的，比如說他在程序走過了以後就會產生一個結果，但還有一些人處於最弱的地位，他沒有辦法走完所有的程序。最弱可能是

各種各樣原因造成的，如他自己體力不支，或他自己生下來就是殘疾，他的個人能力畢竟是有限的，在這個時候就是實質正義了。實質正義也要求加以補償，羅爾斯的差別原則就是指實質正義的補償，補償程序正義。那麼程序正義好還是實質正義好就成為爭論的焦點了。極端的自由主義者認為程序正義就是一切，只要定下規則每個人都適用就行了，比如說哈耶克就認為程序定下來以後就要照著程序走，市場經濟是向前進的，至於走下來的結果，則是不予關注的，有的人走前面、有的人走後面、有的人可以很富、有的人一直還是比較貧窮，這個社會的正義原則是沒有辦法關注太多的。因為每個人都可以給出自己的理由，受到不公正待遇的原因太複雜了，好的政府一直這樣做補償型福利就會沒完沒了。這就是程序正義論者的一個基本理論。哈耶克認為政府實際上就是一個守夜人，在市場當中大家都在交易，交易的結果政府就不用管了，只要交易的規則過程是正義的就可以，這就是程序正義論者，也叫作自由至上主義者的看法。在西方有一批人都是這樣做的，這一批人在近代以來就出現了，如亞當‧斯密，他是最早的自由至上主義者，他認為市場是看不見的手，每個人看起來都有著複雜的交易，但是因為每個人都從自己自私的目的出發，為了達到自身的目的我必須也讓別人能夠接受，同樣是商品，我做這一行做得特別好，其他人做那一行做得特別好，然後我們可以互相交換，大家得到的都是最廉價的、最物美的東西，比我一個人什麼都做要好得多，我一個人在小農經濟下自給自足，看起來很好實際上效率比較低。這是自由主義的一個理想，叫作看不見的手，市場背後有只看不見的手在起作用，這就是程序正義論者的一個非常重要的思想。這也是程序正義論者與計劃經濟論者之間的最重要的爭論，從爭論的結果

來看，應該是程序正義論者占了上風。雖然人們背後的動機都不被考慮了，但是看不見的手可以達到比較高的效率。這就是程序正義論者跟羅爾斯的一個爭論，正義論者認為政府只需要做好守夜人就行了，這也是美國哈佛大學的教授諾奇克一輩子跟羅爾斯爭論的主要問題。

今天看來，由於金融危機的出現，這套觀點又可以重新地加以評價了。程序正義論者太相信市場了，認為這個規則通過自由交換可以自動建立起來。但市場不能夠完全解決所有的問題，我認為實質正義適當的補償還是必要的。因為市場不是萬能的，它會出現一些問題，面對金融危機，經濟能力強大的美國最後也必須由政府來救市。這個從理論上來說是對於自由主義的一個重要的修正。前段時間我們國內有些人也非常迷信市場，以為市場可以解決所有問題，比如說教育，也主張通過市場來辦教育。教育畢竟是特殊的行業，有時候它是一個福利的事業，基本教育不能按市場供需關係去辦，否則出現的最大問題就是出價最高的人得到了最好的教育，那麼學生就分成了不同的階層，他交的學費可以有不同的方式，最後就導致學生有等級區分的這樣一個問題，這就是程序正義論者另外一個方面的問題：太迷信市場。羅爾斯跟他們做了很多的爭論，他認為程序正義是一個基本的前提，但不是全部，全部的後面還需要有實質正義作為補償。以上就是關於這個問題的一些基本的爭論。

關於這些討論，還可以指出諾齊克與羅爾斯爭論的主要原則。諾齊克認為有歷史的原則就足夠了，不需要有其他原則，意思就是只看一個社會歷史條件形成的狀況。比如說最初的這塊田地是誰占有的，然後占有以後又被誰繼承了，繼承以後通過交換而轉移給了何人。如果整個過程都符合正當原則，那麼他的所有權就是合法的，就不需要

再進行調整。這就是程式論者的一個重要的觀點。諾齊克認為，私有制主要就是靠對於人的權利的尊重來建立起來的，跟它相關的原則有：按照自然維度分配的原則，或者按照某一種模式來分配的原則。這個原則我們今天也用得到，比如說按勞分配、按需分配，這些都是關於分配正義的討論。按勞分配在今天看來是我們社會的一個基本分配原則，其實不全是。好多人的投資不是他的勞動所得，他是以其他的方式得到的，比如說繼承來的、別人贈款、貸款等，結果他投資以後得到的收入跟他的勞動也並不成正比例，所以你就可以知道簡單的按勞分配原則在我們這個社會不可能是很純粹的事情。在西方也不是，西方是按照要素去分配的。這些原則的討論給予了我們重要的啟示。程序正義論者認為如果按照規定的原則進行分配的話，總會干涉其他一些人的利益，比如說按勞分配，如果我擁有財產（不管我怎麼擁有的），並且按照這種方式去投資社會，那麼為什麼不給我回報？這樣的按勞分配就是把我排除在外了，對我就是不公平了。按需分配是一個崇高的理想，它其實也是模式化的原則。社會只要存在資源的匱乏，就會有一個缺口，在這個缺口中去進行分配，就會有一個分配正義的問題。這時的分配方式有若干種，一種是根據價格，誰出的價格最高誰先上，這個分配條件是市場來決定的。另外一個分配條件是運氣——抽籤。所以人類為未來分配想出各種各樣的理由，但是我們得具體地進行理智的分析，看它究竟能否實現，是否具有現實性。既然按需分配實現不了，會有很多衝突，那麼就不要用這種所謂模式化的原則了。在這裡我們就會想到了過去在蘇聯和我們二十世紀五〇年代的中國都實行過一段時間的供給制，實際上就是所謂的准按需分配，但後來都失敗了。因為每個人都有各種各樣的需要，結果價碼越

社會正義與自由平等——當代政治哲學的熱點透視　　383

加越高，最後就會發覺這個社會根本就支撐不起，最後只能還是私有化，還是按照實際的職務、貢獻來進行分配，不能按照需要去分配。

另外，所有的正義分配原則都會遇到一個問題，即人性的問題。過去我們的理論對這一塊忽視得太多，在西方哲學史上、西方思想史上，所有的政治學家、倫理學家都關心過人性論，因為對人性的考察恰恰是我們後面所講這些問題的一個基本的前提，性善說、性惡說都有。有的人說人天生就是惡的，所以要用制度去制約他，民主制度就是這樣來的。因為人都是自私的，每個人都有占有攫取的欲望，有的人權力在不斷地擴大，而且一旦他自己滿足了一點私欲，他的私欲就會不斷膨脹，這就是性惡說的具體表現。那怎麼辦呢？這就需要有民主制度讓大家來進行選舉，覺得這個統治者不行就得下臺，將權力交出來。另外還會有一個定期制度，即是你膨脹到一定的時候，就沒有膨脹的機會給你了，到時你必須得交權，在美國的表現即是最多只能當八年的總統。性善說相信人善良的一面，就是人總有憐憫之心，總有道德的約束，每個人都還是善人，它相信人性善的一面，最後是因為後天的制度給我們造成了惡。所以有句話叫「性相近，習相遠」。因為我們後天這些實踐、做法、風俗等，導致我們之間爾虞我詐、互相疏遠，而我們本來是性相通的，所以在很多關於正義的問題中也有很多關於人性的評價，我認為對於人性的研究永遠都是重要的。有很多人都太相信制度可以解決一切問題，其實人性有很多東西是根深蒂固的。兩千多年來文學作品關於人性的許多描述，在今天看來還會很有啟發，而且中外的情況都差不多。所以說一個好的理論家或者是社會科學家都應該先考察人性，然後在此基礎上探討社會的正義。

在分配正義的問題上，現在的中國思想界持有相當多的觀點，有

人公開地說自己是保守派，有人公開地說自己是激進派。我個人處於中間的位置上，覺得應該兼顧自由和平等。在今天的中國，首先應該保障基本的自由。比如說言論自由，各種代表性觀點都可以發表，讓全社會有一個公開的論壇，但要進行理性的討論。同時，在政治的領域，官職要對所有人開放，這樣我們才會有源源不斷的最有才能的人進入政治領域，從事公共管理事業。所以我認為自由還要繼續向前發展，但平等也必須逐步地跟上，因為自由和平等不是永遠對立的。在說到基本權利的時候，平等和自由是一致的，就是說，我們的自由權利是以平等為基礎的，每個人都是一樣的，這就是平等的自由。但是，還有一種平等是經濟收入的平等、社會條件的平等，這個平等在今天的中國還不可能完全做到，一概拉平也是不可能的。所以我認為，在目前的條件下，要先給予平等的自由更多的優先權，先形成一個自由競爭的條件，保障言論自由的權力，讓理性的人更多地講話，讓大家有一個更合理地發表意見的機會，然後慢慢實現社會福利的平等。有人認為不需要考慮經濟的平等，但我認為還是要考慮的。我們畢竟還是有那麼多的弱勢群體，如殘疾人，他們天生能力就會差一些，這個時候我們應該給他們多一些的福利，而不能因為他們自己能力受到限制，就放任他們生活在這種悲慘的條件下。我認為現在中國的改革還有很多的問題，我們還得向前走，而且選擇一條理性居中的道路向前走可能會更好一點。

在討論分配正義的問題時，還要注意避免道德相對主義。道德相對主義者認為，所有的道德價值觀都是針對某些人、某些時間地點而言的，不具備全人類所共同具備的基礎。但這裡最大的問題就是，道德相對主義是自挖牆腳的，無法自我成立。因為如果說，你的道德標

準跟我的道德標準完全不是一回事，我們毫無共同基礎的話，那麼你就沒有資格說我不善良、不公正。道德相對主義最大的問題是它遇到了一個邏輯上的悖論，它沒有辦法繼續向前推進問題的討論。我覺得我們需要有一個討論的平臺，有一些共同的價值觀作為出發點，才能夠直面分配正義的問題，並且提出可行的解決方案。

2008年於華中科技大學演講

田小桐根據錄音整理

中國經濟中的傳統、現代和後現代問題

克里福德·科布博士　美國著名生態經濟學家、社會公共政策專家、
可持續發展研究專家、土地問題專家

　　自一九七八年以來，中國經濟持續快速增長，震驚世界。但是在
這種增長的同時也伴隨著許多問題，比如家庭和地區收入的不平等、
水汙染和大氣汙染的日趨嚴重、高失業率和通貨膨脹、中央政府稅收
下降及隨後而來的財政支出下降。所有這些問題都能得到解決，只是
解決方案不可能從西方國家已有的政策中去尋找，因為它們也已經長
期陷入以上同樣的問題而無法自拔。大家曾經認為日本是中國最有可
能效仿的榜樣，但是在過去十多年裡，日本長期深陷經濟泥潭，使人
們懷疑它作為榜樣的有效性。儘管我將討論中國所面臨的具體經濟政
策問題，但是我討論的重點將是經濟觀念背後的哲學前提。我相信思
考關於經濟和社會的那些第一原理具有重要的意義，因為，如果中國
政府把經濟問題僅僅看作是一系列技術問題，它將不可避免地重蹈西
方經濟的覆轍。如果中國試圖尋找新的出路，這將是基於一種全新的
思路。基於特有的傳統，中國完全有可能找到一個新的發展方向。儒
家傳統價值深厚，它思想上的靈活性使中國在歷史上的兩個關鍵時期
能吸收印度的佛教和西方的現代科學，它的自然秩序概念使中國能夠
建立一種很大程度上自治的社會結構而減少政府直接控制。而且，儒
家思想在過去的兩千年裡曾為政府統治的合法性和穩定性提供基礎，
這個記錄超過了世界上任何其他政府體系。能做到這一點，部分地是

因為它形成了一套超越某些具體皇帝的理想政府的概念。同時中國最近的社會主義傳統也包含許多有價值的值得保留的成分。儘管毛澤東領導下的中國從來沒有達到經濟和社會的平等，但社會主義永遠地消除了男人天然優於女人、貴族天然優於平民的想法。任何一套新的經濟學原理將不得不力爭做到機會分配的相對均等，避免回到一九四九年以前在中國彌漫的社會精英主義。除了儒家傳統和社會主義傳統，中國肯定還存在別的傳統，對發展經濟能起到積極的幫助作用。中國在考慮將來的時候不可能不把自己的過去納入考慮的範圍，這並不意味著中國應該準確照抄傳統，這實際上也是一件不可能的事。但是，任何一項改革，如果它越接近傳統，它成功的概率就越高。

自晚清和民國時期開始，當知識分子把目光投向西方發展模型的時候，許多中國思想家表達了一種超越現代化過程而直接進入基於某種新原理所建立的社會的願望。這種願望今天仍然存在。中國理論家想要得到西方經驗的積極方面而不是消極方面：沒有失業的經濟發展、沒有汙染和阻塞的交通、沒有政治不確定性的民主、沒有涉外戰爭的民族主義。實際上，他們不希望被現代性的內在衝突所困住。儘管目前還沒有一個國家找到逃脫這些衝突的途徑，但西方和中國的許多學者對後現代思想開始感興趣。在西方這還基本上是一種思維遊戲，在中國，成功的期望更高。發展中國家所面臨的問題，不僅僅是那些哲學上的學術問題是否可以通過重新思考現代性的某些理論預設來解決的。中國所面臨的問題還在於，後現代主義是否可以幫助中國避免現代化所帶來的問題而同時又能保留它的益處。如果要實現這個目標，中國的學者需要有選擇性地接受後現代思想。解構式的後現代主義是純粹批評性的，幾乎完全專注於討論語言是如何影響思維形成

過程的，他們否認科學方法在「任何」情況下的優越性。解構在挑戰現代思想過去從未受到質疑的傲慢性時也許能發揮作用，但如果中國要用後現代主義來建立一個新社會，它的學者更有可能從建構式的後現代主義得到支持。建構和解構的研究方向是不同的。

在做進一步討論以前，有必要解釋一下，我這裡所說的「現代」，是指歐洲十七世紀出現的一整套觀念，它不是「最近」或「最新」的同義詞。現代思想的特徵在於兩條基本原理，即分析原理和機械關係原理。知識通過分析而產生——把事物分解為組成部分，然後對每個部分進行仔細地研究。這些部分之間的相互關係完全是機械的。在現代思潮中，社會和心理的模型都是以機器的隱喻為基礎的。在醫學、經濟學、社會學和其他領域，研究者總是通過了解每個部分是如何工作的來建立知識體系，沒有必要替這些分片的知識發展一套綜合的框架，知道部分就是知道了整體。現代思想還假設個人有自由意志。這個假設產生了無窮無盡的問題，因為它意味著我們可以用兩種對立的方式來理解社會：作為一臺機器或作為一群有自由意志的人。然而，兩種方法都是基於分析原理——把世界分成相互分離的部分，或者作為主體（有自由意志的人），或者作為客體（非人的）。因為世界被看作是一臺機器，這樣我們就可以設想站在它的外部來客觀地觀察它。歷史上，這使得現代的思想家能構造出某種思想體系，它給我們一種幻覺，即它可以接近完美地包容或控制實際條件。所以，現代思想具有鼓勵傲慢的傾向。解構的後現代主義在語言的層次上質疑現代性。解構主義者認為，客觀性完全是一種幻覺，他們強調所有的思想都是在語言中發生，而語言又是從一套自我加強、自我指證的文化習俗中構造出來的。相比之下，現代思想沒有認識到它和某

一套特定的語言習慣連在一起，因而忽略了它所形成的真理是如何與特定的文化綁在一起的。解構主義的結論之一就是文化相對主義——一種文化或觀點無法把握別的文化或觀點所具有的真理。對解構主義來說，這既是它的力量之所在，也是它的缺點之所在。它給我們提供了一個攻擊許多傲慢西方思想家的工具，但是它也損壞了它的哪怕是臨時產生跨文化的命題和普遍原理的能力。正因如此，解構主義從來就沒有形成一個實用的社會變革新模式的基礎（在這方面，儘管它有偏激的色彩，但解構主義實際在政治上還扮演了一個非常保守的角色，因為它同樣嚴厲地批評所有建設性的政策）。建構的後現代主義也批評現代性，但主要不是在語言的層次上，而是開始於這樣一個直覺，即所有的事件都是通過相互關係而連在一起的，現代分析原則是錯誤的。以此為起點，世界上就沒有「單獨成立」的客體，沒有單獨的一塊塊有慣性的物質。每一件事物都是有活力的，每一個存在都由它與其他事物的關係所構成。人不是作為一個個相互分離的個體或一個個意志和欲望的來源而存在，相反，每個人是由他或她生活中重要的那些人所組成。因此，建構後現代主義開始於這樣一個假設：一個人的特徵是佛教稱之為互依起源——一個不斷變化的事件流——的產物，每件事在某種程度上都在其他事物的內部。而且建構後現代主義認為，生物機體、人口群體、文化群體具有整體突現特徵，即那些無法從它的結構成分所推導出來的能力或行為。作為這些特徵性前提的一個結果，建構後現代主義能替現代思想的某些思想疑難問題和社會發展的某些實際問題提供一種解決途徑。一些具有普遍性的例子也許可以說明這一點。

　　首先，如果個人或「自我」非孤立存在，而是由它的關係所構

成，那麼發展社會倫理學來平衡個人權利和社會穩定的問題就消退了。當然，也不是完全消失，因為在建構後現代主義中，次序與自由之間的張力仍然存在。無論如何，建構後現代主義質疑現代主義的一個假設，即所有形式的集體生活都會限制個體意志的表達。後現代主義對社會的理解，強調集體生活是含糊的，它在給出自由的同時又將它拿走，家庭和社區以一種複雜的方式既支援又拖累著個人的發展。

　　第二，因為建構後現代主義贊同解構主義的觀點，即沒有一種視角能從系統的外部來進行觀察，這種研究方向也堅定地支持多元主義和相對主義，反對現代各種形式的沒有根據的確實性和傲慢的思想帝國主義。這並不意味著說建構後現代主義能避免某個民族或思想運動去建造某種帝國。但是它的支持者不太可能去擁護那些有益於增進此類傲慢的理論或實踐。類似於許多宗教傳統中的最優秀成分，建構後現代主義具有一種內在的自我批評辦法，即對所有問題都採取多元主義的研究方法。儘管兩種後現代主義在關注的問題方面有許多交叉，但它們也有許多不同之處，在此我不打算多談。我的目標是討論建構後現代主義與中國發展的實際問題相關的那些特徵。在隨後的討論中，當我說後現代主義的時候，除非特別說清是解構主義，否則，我通常是指建構後現代主義。中國學者從來沒有像西方學者那樣完全擁護現代思想，所以他們中間的許多人開始發現建構後現代主義的價值。儒家和其他的中國思想從來沒有像現代思想那樣把主體和客體或自我和世界嚴格分開。結果是，中國傳統和後現代主義有許多親和力。兩者都拒斥思想確實性的主張、對人類現象的純機械說明、極端的個人主義與缺乏倫理考慮的技術合理性。兩者都擁護多元主義、相對主義和對自我的互動式理解。在討論中國所面臨的實際問題的時

候，後現代主義的另一個特徵也特別重要。後現代意味著包容。現代思想在十七世紀是通過拒斥傳統而開始的，而後現代主義則擁護傳統，它也擁護用現代方法所獲得的技術知識，真正的後現代主義不拒絕任何知識和理解的來源。所以我認為，中國應該吸收三種來源：中國的各種傳統，現代科學思想，後現代方法對新舊觀念的綜合。

為了探討中國經濟政策的方向，我將分析三個核心問題，並看看能從將傳統智慧與現代知識相結合的後現代研究方法中學到什麼。

一是財產權。財產權特別是生產資料的擁有權，最能定義現代經濟的特徵。在傳統社會，財產擁有權往往牽涉到一個相互的義務，要麼是在佃農與地主之間，要麼是在家庭與村莊之間。佃農和家庭因為使用土地而交租，地主和村主任將提供集體服務。土地的使用受傳統支配，這也許並不是針對土地的最有效的使用。在現代社會，財產直接由單獨的個體所擁有：某個人、某群體、某公司，或某政府部門。土地使用是由個體決策和公共法律所決定的，傳統不再具有約束力。但是現代財產權的最重要特徵是它與群體義務的分離，結果是現代財產體系導致社會不平等。社會主義試圖通過將財產權從私人手中轉到集體手中來糾正現代財產權所存在的問題。在許多方面這種體系與前現代社會的地主—佃農關係類似，只不過政府官員起到村主任和地主曾經發揮的作用。結果是，國家擁有所有重要的財產權，並因此而照顧所有的人。但是由於財產權的壟斷，國家也妨礙了生產力的發展而導致共同貧窮，它的失敗使任何形式的集體所有制失去信譽。然而，沒有理由認為它同樣使任何形式的相互義務體制也失去價值。新形式的所有制，特別是鄉鎮和村鎮公有制，從一九七八年開始出現。它與舊的體系在許多方面類似，即世系或氏族頭人替他的成員持有權利。

這種所有制對外人來說完全是排他性的，也就是說，它運轉得像個私營公司；對內部的人來說，它又有某些公有特徵。然而，這種財產權又肯定是私有的，它的最關鍵特徵是，企業的經理有足夠的任期保障去投資並得到回報。在採用私有財產權的過程中，中國像西方國家一樣，既受益，也面臨問題。生產率提高了，經濟不平等和貧困也增加了。如果中國容許財產權由人口的小部分所壟斷，社會衝突將增加，政府得到的支援將衰減。中國需要發展出一套後現代的財產權概念，以平衡現代私有權的排他性和傳統公有制的相互義務。要得到支持，就必須把這種平衡看作是恰當的。財產權的劃分就必須是基於經濟價值的來源。在西方，人們強烈地傾向於認為所有的價值都是某個生產單位內部所產生的。傳統中國哲學理論都對這個假設持批評態度。即使沒有直接地討論價值問題，它們也隱含地認為價值的大部分是由社會所產生的。一種後現代的財產權將承認，有些價值是個體產生的，有些是社會產生的。

考慮到價值來源時，有兩種類型的財產值得我們特別關注：土地產權和智慧財產權。第一是土地的價值完全由它所在的地區決定，而地區的價值完全是社會的產物。任何一小塊土地的發展往往會增加鄰近土地的價值。這種價值增值的社會過程特別發生在沿海或沿江河的大城市。如果那個價值是社會產生的，社會就應該收取那個價值。社會可以輕易地通過出租公有土地、對土地的私有者收稅來獲得收入，並把它用作政府支出的主要來源。亨利・喬治（Henry George）在一八七九年所提出的這個計畫，後來被孫中山在一九二二年採用，並成為他的土地改革計畫的一部分。如果把這種價值當作是個體產生的，就會有嚴重的後果。日本經濟的長期遲滯和一九九七到一九九八

年亞洲金融危機，部分地就是因為將城市土地的價值放在私人之手所造成的。並且容許土地價值的私有化會引起經濟不平等——增加富裕家庭與貧困家庭之間以及富裕地區與貧困地區之間的差別。不平等現象會使多數人沒有能力購買產品而損害經濟的發展。如果社會產生的財富能夠共用，中國市場的內需將增加，中國就沒有必要依賴出口來維持經濟。這是維護中國的國家主權的重要因素。第二是如何看待智慧財產權：書籍、音樂、電腦程式和機械發明。如果這種財產被完全看作是社會的，發明人就沒有理由將其思想拿出來與他人共用；如果智慧財產權被完全看作是個人的，就沒有承認這樣的事實，即思想是在社會的背景中產生的，不完全屬於個人。這樣就給予某些個人，如微軟公司的比爾·蓋茨太多的回報。如果中國認為大部分的價值是社會產生的，它就不得不在WTO中去力爭，因為目前WTO認為智慧財產權基本上是由個人所產生的。社會所產生的價值無法簡單地追蹤到某個具體的地點，那些價值在邏輯上是屬於整個國家的人民的。在中國內部，天津、上海、廣州、深圳地區人民的生產力區別，不完全是因為他們個體上的差別，而是因為地區使得那些城市能捕獲整個國家所創造的價值。目前沿海主要城市正在吸取大部分社會剩餘價值，它們本身並不值那麼多。經濟增長所帶來的利益應該由城市、農村、所有地區、所有家庭來分享，這種分享不必與毛澤東時期相同。後現代主義的方法是通過讓全部勞動價值留於家庭並要求社會價值按稅上繳來達到私人和公共權利的平衡，不同於社會主義政策，它將為投資和增長提供刺激。解決這些價值問題具有一定的迫切性。如果中國簡單地採用現代的個體財產權概念，它將重複西方國家同樣的錯誤。然而，如果中國能夠找到一種財產權的後現代思維方式，它將能回避其

他國家已經陷入的泥潭。

二是經濟計畫。計畫是一個純粹現代的概念，它是基於這樣一個假設，即在某種程度上我們可以管理經濟或社會。傳統社會基於社會習慣而運轉，它是過去導向的，而不是未來導向的。這裡還存在一個隱含的假設，即社會像一個有機體，沒有國家干預也能自動治癒它自身的失調。後現代主義對計畫的看法既包括對自然平衡的傳統信賴，也接受現代管理的工具性。西方對經濟計畫的態度是各種各樣的，兩種極端的觀點是：一種是自由主義否認任何計畫，另一種是微觀管理主張具體到細節的計畫。儘管每個政府事實上都是按照某種「混合的經濟」來運作，而處於兩種極端的中間狀態，但是我們只有通過研究這兩個極端才能理解我們有哪些選擇。第一種極端代表是純粹的個人自由，完全不受政府控制，所以我稱這一極為「自由主義」。最近一些年在全世界範圍內有一個很強的傾向非計劃經濟的運動，一切都讓位於市場力。它預設現存的財產權是基本公正的，政府在預防極端不公正時什麼都不用做，這種「自由主義」觀點的某一種甚至把法律看作是個人偏好之間互相競爭的結果。「自由主義」思想的基本原理是，交換是純粹私人的過程，政府的任何介入都將構成不必要的干預。這種極端觀點會導致無政府主義，認為取消政府的存在將是有益的。另一個極端則主張對經濟做具體的控制，不是用「價格」而是用「需要」作為分配資源的辦法。我稱這種極端觀點為「社會主義」。按照「社會主義」思想，要避免自由市場所產生的不平等，有力的管理是必要的。這就需要有一個龐大的國家機構來實施對經濟許多領域的調節。實踐中，要達到這種層次的控制就要求政府擁有經濟的主要部門——特別是銀行、能源、交通、衛生和重工業。在中國，它意味

著對農民的重稅以補貼工業以及城市住房和消費品的短缺。這兩種極端的經濟模式都運轉欠佳。第一種極端增加了生產力，卻以引起不平等和社會動盪為代價。第二種極端降低了不平等，卻以破壞個人積極性和勇於承擔風險的動力為代價。混合經濟的思想是兩個極端之間的一種調和，但它仍然是現代對立思維的產物。這種極端思維的失敗絕不是偶然的。這兩者因為基於錯誤的模型，都導致了社會制度的崩潰。這兩者都把經濟看作是由相互獨立的、可更換的部件所組成的機器。「自由主義」和「社會主義」在基本哲學層次上是一致的，即經濟不過是個體單位的集合。如果有問題，問題一定出在這些個體單位中的某一個。「計畫社會主義」與「自由主義」的區別僅僅在於如何糾正問題的智慧方面。後現代主義始於一個與「自由主義」和「社會主義」都不同的前提，後現代主義是整體主義的。它是基於一個有機的社會關係模型，儘管社會關係的確包含某些機械因素。有機系統的獨有特徵是，它是在不同的結構層次上運轉的，每一個結構層次都嵌套在一個更高的層次中。所以社會顯示了某些從社會的個體行為中所無法直接推導出來的突現特徵。例如，失業表示的是整個體系的失敗，不是其中某個人的失敗。當整個經濟體系在收縮的時候，指責個人沒有能力找到工作是殘酷和不公正的。在體系中指導每個人的行為，如「社會主義」所打算的那樣，是無意義的，因為更大的問題超越了個體行為。整體主義或後現代主義看待計畫的一個關鍵特徵是，它是間接的，它主張一種似是而非的觀點，即與常識相悖的觀點。一個表面看來似乎有益的干預實際上卻帶來傷害。像中醫一樣，後現代的計畫者不是尋找那些接近症狀的機械原因，後現代思維教導我們尋找系統整體的不平衡，並由此找到某種意想不到的解決方案。還是像

中醫一樣，這種解決方案不是硬性的。例如，凱恩斯主張政府支出應該大於收入，因為這樣將能使經濟系統作為一個整體恢復平衡，並由此降低失業率。因為儲蓄是個人積累財富的一種方式，社會靠支出達到繁榮的思想是違反常識的。他的主張過去和現在對經濟學家來說都顯得是愚蠢的，這正是為什麼經濟學是最後一個擁護後現代思維的學科。對於那些受現代思維訓練的人來說，從後現代思維所推導出來的解決方案總是顯得不恰當，重要的是它的確有效，這就是真理的實踐檢驗標準。在一個複雜系統中的恰當點做一個小的調整就可以將系統恢復正常，在經濟中這可以通過稅收或貨幣政策來實現。所以後現代的計畫能提供一個綜合的解決方案，它既能最大限度地提供個人自由（如自由主義者所希望的那樣），又能避免社會動盪（如社會主義者所希望的那樣）。混合經濟（關於計畫的兩種極端觀點之間的調和）達不到這一點。後現代計畫者通過找到不同於兩種極端之間的任何混合的觀點而成功。對中國來說，轉換到計畫的後現代理解不會像西方那樣困難。中國在哲學和醫學中關於系統的非機械思維具有豐富的傳統知識。中國知識分子的任務是發展出一套關於社會和經濟的新思維，它既能抓住仍然有價值的西方機械模型中的最優成分，又能保持中國傳統中欣賞矛盾、含糊和似是而非的思維方式。

　　與中國經濟未來的成功有關的第三個問題是合法性或權威問題。西方經濟學家對此從未提出過問題，他們或者把它簡單看作是理所當然的，或者假設它是由別人所關心的問題。我這裡所說的「權威」是指給政府機構的職能提供意義的那種自然或宗教秩序的概念被大眾所接受。它與權力不同，權力是指強迫實施的能力。如果它缺乏一套一致的理論來說明它的統治是如何與自然秩序相連的，那麼一個政府可

能很有權力卻很少有權威。讓我們先考察一下，一個沒有權威的經濟將發生什麼？第一，它的貨幣將沒有價值，因為貨幣的價值完全取決於支持它的政府的權威。在某些歷史時期，當不存在中央權威和貨幣及信貸體系的時候，貿易僅限於以物易物。第二，在沒有政治權威的情況下不可能收稅。儘管該政府通過強迫手段能收到一些稅，政府與人民之間持續的財政關係是基於對政府合法性的普遍信任。沒有收稅的權威，政府甚至不能提供最基本的服務，比如國防、道路、供水等。第三，司法系統最終也將依賴於合法性，除非公民和商號能依靠司法體系來支持他們自認為公正或合法的申訴，他們將不願投資或承擔其他風險。所以，經濟將因為缺乏權威而受損。對任何社會來說，沒有一個問題比確定為個人和機構的行為提供權威的來源更緊迫。但是，權威的追求與其他問題不同。傳統社會沒有必要考慮權威問題，因為它已經存在。現代思想產生權威問題，因為它否認傳統的價值並把理性當作是唯一的權威來源。但理性不過產生了利益的多樣性，每一種利益都想得到更大的權力。與英國和法國啟蒙哲學家的信念相反，理性不能支持民主。理性本身不能馴服利益，所以，沒有傳統權威的社會總是在無政府主義和專制之間搖擺。要解決民主內部的緊張，必須存在權威或超越各個利益集團的忠誠。權威的來源不能用理性的論據來證明。正如阿倫特（Hannah Arendt）所說的，「權威的來源永遠是一種超越政府的外在力量，這種外在力量超越政治現實」。現在的問題是，是否有可能制定一套觀念和形象來為某個特定的政府提供權威。這牽涉到是否能找到一個既能具備忠誠，同時又在思想上獲得敬重的傳統，這也許是建構後現代主義最重要、最困難的任務。這個任務適合於後現代主義，因為它能結合歷史敘述，具有寬容含糊

性，並在多條傳統線索中達到思想綜合。發現權威基礎的需要並非中國所獨有的，權威的瓦解在西方國家也正在成為一個問題。它不明顯是因為存在政府的連續性，但是，世界上每個政府的合法性正在逐年受到越來越多的質詢，結果，政府的基本建制正逐漸被侵蝕。若中國想避免這個問題，它就要發掘權威的基礎，單靠馬克思主義似乎有些力不從心，那麼儒家是否可以提供必要的權威呢？是否與傳統的某種結合能解決中國今天的問題？我不知道，但是我肯定，如果中國知識分子沒有發現權威的基礎，中國的問題將像西方一樣繼續增長。

接下來講講我們的結論。在現代社會有一種傾向，認為經濟失敗是技術問題，修整經濟就像修理汽車一樣，這種看法在美國尤盛。人們不太看好的觀點是，經濟系統預設了更大的一套社會機構。結果是，在西方關於經濟的對話只考慮狹窄的一套問題。要拓寬經濟學討論的範圍，我在此討論了三個當今世界每個經濟體都面臨的核心問題：財產的特徵、經濟計畫、政府權威。它們似乎是抽象的，卻有著非常具體的後果。政府和人民對這些或類似的問題所做的選擇將決定財富如何均勻分配，多少人將失業，多少人將承受赤貧。政策必須基於真實的基礎，學者或官員所開始研究的哲學前提將在相當程度上決定經濟的最後結果。關於後現代主義將如何研究經濟學的關鍵理論問題，我試著提出一些建議。儘管西方後現代主義的許多版本是純粹懷疑和批判性的，這種哲學的建構主義的版本為解決社會問題提供更實際的指南。中國有獨特的理由使它成為當今世界的希望。中國知識分子不像西方的同行那樣與機械的世界觀緊密相連，你們國家的學者甚至在考慮我們國家還沒有考慮的問題。因此，中國是當今世界仍然在討論公共經濟中的基礎哲學問題的少數幾個地方之一。所以，我希望

能與中國的學者對話，並互相學習。

2008年於華中科技大學演講

馬瑩根據錄音整理

農村土地制度：百年探索與百年徘徊

吳　毅　華中科技大學社會學系教授

　　大家好！這是我第二次來到人文講座，這次的主題是大家比較關心的農村問題。無論出身農村還是城市，大家都對農村問題非常感興趣。因為農村問題對中國的發展影響巨大，尤其是去年十月黨的十七屆三中全會通過了關於農村土地制度的決議，人們對它的關注度驟增。在三中全會前後，網上掀起了關於土地是否長期或永久承包的爭議。而我認為，在當下是很難將這個土地問題說清楚的，所以我們將目光放到一百年前，通過回顧一百年來的土地變遷歷程，了解當時人們對土地採取的嘗試與辦法，並與當代緊密相連分析其產生的效果與借鑑意義。

　　我將講三個問題。第一，當代中國的土地問題如何而來，即人們對土地的看法產生了怎麼樣的歷史結果。第二，在何種情況下，人們從多樣的土地看法中選擇出其中一種並用於實踐。第三，運用於實踐的土地措施產生了怎樣的效果，並對當前的土地制度變遷產生了如何的影響。以史為鑑，可以明得失，清楚歷史有利於幫助我們分析和解決當前的問題，一百年的土地制度不僅僅是關係到中國改良或革命的大問題，而且它關係到一百年後的今天農村建設的基礎。而對於這樣重要的問題，翻看我們的歷史資料卻發現莫衷一是，自相矛盾。比如關於三農問題的說法，我們熟悉的革命觀念認為中國土地效用不均，

因而才要革命，而土地發展史則認為革命導致的混亂引發了土地問題，另外從法學和經濟角度上則認為地權的使用才是最重要的。三種說法相互衝突，各有理由，有著不同的影響範圍。第一種說法被普遍的人所接受，而第三種說法則常常對現在的政策產生影響。三者之間的關係複雜，難以弄清和打通，以至於當下的物權改革得不到意識形態的合理性支持，而意識形態的事物又難以證明，導致現在改革的難以實行。這個問題的關鍵在於理論與實際的相脫離，政策按照學術的意見頒布，而實踐卻按照傳統的方法進行，改革的局面是「縮手縮腳」的。比如土地的長期擁有和土地的永久擁有，兩個詞之間本身沒有太大的差異，但是「永久擁有」所代表的「私有化」被汙名，使得問題自相矛盾。所以，我們要把目光投向一百年前，看看那時的人們是如何解決和處理土地問題的。

第一，我們要講的是如何認識農地問題。請注意，我們這裡講的土地是指農村土地，而非城市土地。從已有的文字資料來看，在傳統中國中「私有」是土地的基本屬性，但在法學上稱之為「民有」，即土地可以隨意買賣。它對於中國傳統結構和矛盾的影響，歷來有兩種截然不同的看法：第一種看法是我們所熟悉的，它認為土地私有是農村社會矛盾的根源，成為中國傳統社會矛盾的根源，繼而成為歷代農民革命和歷代王朝更替的深層次原因。從今天看，之所以形成這種判斷的原因與傳統社會晚期人口增加而導致的人地矛盾的緊張，農民人數的增加，使得生存困難等因素有關。至於是否剝削，則是第二個層面的問題。但對於一個個體，尤其是無地者來說，在他的直觀體驗中非常容易與「不平等」、「弱勢」相連繫。因此，在中國底層就有一種抵抗思想，就有「均平」、「均田」的想法。比如古代的王小波就

提出：「吾疾貧富不均，今為汝等均之」，還有李順提出的「等貴賤，均貧富」，近代李自成也提出「均田免糧」，洪秀全的「有田同耕」，後來孫中山的「耕者有田」，康有為的「土地公有」，等等，從直觀體驗上升為一種政治理念，這是中國傳統思想的基本特徵，但是將這種特徵投入實踐的源於二十世紀初馬克思主義思想的傳入。馬克思主義思想認為，社會歷史的起點就是階級鬥爭，人的本質特徵在階級社會中就表現為階級性，例如資產家與工人的矛盾，他們在社會地位、經濟利益等方面表現著不同，前者占有生產資料、壟斷土地，造成後者的依附性和貧困，所以馬克思主張進行革命將土地公有交給無產階級國家。後來中共建立的一系列土地政策正是得益於中國古代的思想源流與共產國際和史達林主義的影響。另外，二十世紀中葉，隨著「左翼」知識分子的逐漸影響，開始了對中國情況的經濟分析，定義了中國半殖民地半封建化的性質。這是我們所熟悉的一種解釋中國土地制度和是否反對中國民有土地的思維。另外，還有一種中西融合的思想理論，它的基本特徵是反階級性，不認為租佃關係是一種階級關係，而是強調凡是物都有其歸宿，可以進行買賣，這只是世俗生活的一個自然常態，並將永遠伴隨整個人類的文明史，所以土地民有並不是產生問題的根源，與現代物權法的觀念趨於一致。從西方物權法的發展來看，首先是對土地所有權的承認，然後延伸和拓展。歷代的統治者和經濟學家大多允許土地的民有，以便調動農民的積極性，尤其在戰亂之後需要恢復經濟的時候。同時，國家也根據自己的特殊需要進行圈地，但久而久之也開始進行買賣，成為民有，這是關於土地政策的一個基本取向。但是這樣的統治者也不會少，乃至認識不到這個政策推行到頭也會有誤。因為土地與一般的物品不一樣，它有兩大特

性：一是區位的不可替代性，即它無法拿走；二是資源的相對稀缺性，尤其是在明清之後，國內的荒地基本開墾完畢。中國文明的發展是從西向東擴展遷移的，這與土地的開墾有關係，當人地關係緊張時，人們除了進行戰爭外，還可以選擇開荒，但是這種局面在明清時期就結束了。土地的這種情況和屬性使得統治者認識並允許土地的民享、民用、買賣，為了照顧土地，權利盡可能地在耕作者之間共用，「耕者有其田」不只是革命者的想法，上層的統治者也有這樣的想法，不僅是中國傳統底層政治思想的特徵，也是歷代統治者經濟政策的基礎。在中國歷朝歷代開國的時候，一般都採用「均田」、「限田」等方法應對矛盾，直到在宋以後發現這種方法並不能解決矛盾，隨後才發生了改變。因為他們也知道土地的買賣會導致土地資源的不平衡，土地的集中和壟斷會使大量的人失去土地，對統治造成麻煩，所以統治者也有均田的想法。但是自由的土地買賣是否會導致壟斷和兼併，在當代有著很大的爭論。一方面，我們的主流歷史都是建立在這樣的意識之上的，另一方面當代的很多農業學家和經濟學家從模型上做分析，得不出這樣的結論。假設純粹的買賣不涉及權力的因素，是否會導致壟斷和集中，這種在歷史上找不到根據，在邏輯和經濟上半成立或者不能成立。比如之前的一個實踐研究：一個縣的土地在兩百年的時間內動了百分之十幾，如果要把整個縣的土地要動一遍估計要兩千多年。一個縣尚且如此，更何況一個國家，完成一個兼併要好幾千年，而且是否可以完成都是一個問題。無論怎麼講，統治者都會擔心兼併和失地者增加的問題，所以在宋以前，「耕者有其田」是統治者的一個美好願景。在宋以後，土地商品化和人口數量的增加，使得人地矛盾開始出現，產生一個新的經濟——租佃經濟。而後在明、

清、民國不斷壯大和發展，成為中國農地的一個重要配置方式，也就是我們所說的封建經濟。面對租佃經濟的政策主要是維持平衡，一方面要發展農業經濟，必須要鼓勵土地占有，另一方面又要顧及社會公平，所以既要出臺保護土地所有者的政策，也要出臺保護佃農的政策，這是宋以後的政府出臺政策的基本特徵。在這種情況下，我們會發現兩種現象：第一，由於底層所追求理想中的公平與現實的差距，使得由公平糾正錯誤，容忍不公平為政策運作的常態。這是傳統社會對農業土地的另一種認識理論。這種理論傳到二十世紀，另外一批知識分子和政治家對於當時中國農地的判斷，就與範本不一樣了。比如，在二十世紀上半葉中國農村依然是一個小農經濟占主導地位的社會，而小農經濟有兩個基本特徵：第一個是土地規模小，而且隨著人口增加，規模將繼續縮小；第二個是地塊分散，使用不經濟，在如此分散地塊上又缺乏技術投入，就使得農業剩餘生存偏低，這兩大因素是中國農村貧困的根本原因。前者說階級剝削導致農村貧困，後者說因為土地規模小，地塊分散，效用偏低所以貧困。最典型如孫中山，他就認為中國農村的矛盾是大貧與小貧的矛盾，不存在嚴重的階級分化，因此馬克思主義在中國不適用。在孫中山的影響，國民黨主流都認為階級不存在。陶希聖就認為，中國沒有統治階級，因為資產階級很脆弱，自身受到軍閥和外來勢力的壓迫，地主受到商業成本的盤剝，他們的優勢就是將受到的盤剝壓給農民，他們自身也是弱勢。中間勢力以搞鄉建運動而大名鼎鼎的梁漱溟為例，他說，中國的土地分配狀況到底怎麼樣，耕農與佃農的比例到底怎麼樣，有幾種說法，很難說誰正確，但考慮中國歷史上有兩個因素在起作用：一個是財產的總值均分，一個是財產的自由買賣，這兩個因素相互抵消，土地的集

散變化非常之快，因此就有「千年田八百主」，沒有階級，只有個人。所以他反對用革命來破壞社會，而用建設的方法來培植和發展農村、振興農業。在國民黨執政的二、三十年中，它的農業政策也相當有社會影響。國民黨的土地政策是：承認土地不均的事實，主張用政治和法律手段解決這個問題，在不損害富人的前提下惠及窮人，這是國民黨「平均地權」和「耕者有其田」的實質，具有改良主義特徵。平均地權就是規定地價、照價納稅、照價收買、漲價歸公。耕者有其田也不是剝奪地主的土地給窮人，而是國家將多餘的土地收買，再賣給農民，或者政府當中間人規定價格，讓農民來買土地。

第二個問題是歷史的選擇。在一九四九年之前的中國共產黨早期，除了抗戰時期因統戰的需要而實行減租減息之外，沒有實行剝奪。但是在第一次國內革命戰爭和第三次國共內戰的時候，都採取的是階級剝奪，剝奪地主的土地，實現占有平均土地，是階級的革命，暴力的土改，我們叫作「土地革命路線」。而在國民黨執政的二十二年間，它的土地主張也是為了實現孫中山「平均地權」的思想，在承認和保護土地私人合法的前提下，來調整租佃雙方的關係，力圖達到社會公正，而且在條件合適的時候，來核實清丈土地。所以從一九四五年至一九四九年的內戰結果上看，共產黨的土地革命路線取勝。而我們從歷史上應該怎麼來看這個問題，道理是怎麼樣的？孫中山的主張有一定的道理，並且在臺灣地區得到了順利的實施，但是在大陸為什麼不可以？而另一個問題是不同的路線導致了一個怎麼樣的結果？我們從第一個問題講起，對於這個問題，我們有很現成的答案：孫中山的主張之所以失敗是因為蔣介石背叛了孫中山。蔣介石是大地主、大資產階級的代表，不會去革資產階級的命。而到臺灣地區

之後，由於與當地的資產階級連繫不緊密和清除共產黨的需要，而進行了土地改革，所以成功了。把這個解釋回推到二十世紀三、四〇年代，我們不能說明當政之後的國民黨的確與有產者甚至大有產者有千絲萬縷的連繫，就是那個階級的政黨。而且從歷史上看，當政者往往在上臺之後要實行「限田」、「均田」甚至要沒收地主土地，但不能說封建主義者突然成了農民的代表，這樣的解釋越解釋越亂，根本解釋不通，而且在有意無意中忽略了一個要害，即任何改良主義政策的實質就是要貧富兼顧，不以暴力解決問題。以階級論解釋國民黨在大陸沒有順利實施土改，這是成王敗寇的意識形態建構。其實，當時國民黨在當政期間沒有能夠實行土改的原因很簡單，就是沒有條件進行改造。從執政起到一九四九年的執政二十年間，戰亂不斷，沒有真正意義上的統治全國，這就是國民黨無法實行土改的基本原因，一個暴力政策可以在戰爭環境下進行，但是一個改良政策只有在和平條件下才能進行。而為什麼改良會被暴力取代？按照毛主席的話說，百分之十的人口占有中國百分之七十到百分之八十的土地，而百分之七十到百分之八十的人口占有中國百分之十的土地。窮人比重比較大，所以振臂一呼，大家會積極回應。而按照海外的研究成果與革命時的結論相反，他們得出了關於中國農村配置的兩點基本結論：第一，土地占有的確不均，但是並不是事實上的嚴重不均。國內頂級專家張友誼公開發表的文獻，他公布了二十世紀上半葉各種官方民間材料的統計和印章及其塗改的材料，得出一個基本結論：無地農戶大約在三十年代有百分之三十到百分之四十，而有地農戶中，地主和富農可能要占一半，中農占一半。也就說保守一點講，地主和富農可能占總數的百分之五十到百分之六十，中貧農占百分之四十到百分之五十。另外，他

觀察了宋代到民國八百年間的土地配置變化，發現土地配置在這八百年間基本沒有變化。而另外一個中國文獻研究專家郭德紅，他的結論是：因為在一九四九年的地權變化的總趨勢是越來越分散，而不是越來越集中。土地的占有在下降，自耕農在上升。還一個人叫吳廷玉，他的資料是這樣的：從全域看，舊中國中的農戶中有大概百分之六到十可以稱作地主和富農，占有百分之二十八到百分之五十不等的土地。而一九八○年國家統計局根據當時土改的統計材料，做了一個推算的結果在我們的想像之外，土改之前全國地主所占土地的比例是百分之三十八點二六，並不是百分之七、八十，而現在則是被百分之幾的人所占。什麼是地主？這是一個很模糊的概念。美國華裔學者趙剛做過一個比較：如果按照三十畝地算是地主的話，在三十年代和世界上的各國進行比較，全世界除中國以外就很少看到這樣小的農場了，也就是說除了中國以外，全世界的農民都是地主，或者說不是地主的農民只有在中國才可以找到。我們所欣賞的經濟學家魏鐵軍有這樣一個說法：在新中國成立之前，我們的土地向有能力的自耕農集中，非常合理。在這裡要說明一點，過去的歷史學者對資源配置的是否合理沒有考量，我們考慮的是政治是否合理。第二是土地不均的狀況以及產生的影響。我們來看一些實證研究，秦暉有一個實證結論：關中無地主，全是自耕農。即使有地主也很少，關中地區除個別縣之外，土地占有的係數在○點二到○點三之間，土地分配更小，意味著高度的平等社會。當代大量的人類學調查也證明了這一點。而至於大地主則往往與權力有關，是當官發財的結果，所以排除權力的因素，中國的土地不均情況是很難說清的。之前所說的百分之十的人擁有百分之七十到百分之八十的說法有些不成立，我們改變了對於一九四九年之

前農業耕地的判斷。但是，需要注意的是土地平均與國家貧富是兩回事，土地均但國家很窮，這是一個事實。這個問題無法利用階級理論來研究，而人口史為我們解決這個問題提供了一個新的窗口。其理論在於，人口的持續增長尤其是明清之後的人口膨脹與疆域內可開墾地的完畢，導致了土地與人口比例的不斷下降，這樣農村人口占地規模不斷縮小，人地比例不斷失調，小農生存環境日益惡化，所以不斷加劇的人地矛盾才是導致近代農村矛盾激化的最根本原因。我們再做一個梳理，秦漢之前的中國小農經濟，實行一家一戶。西漢時期人均耕地大概五十畝左右，唐太宗時期人均種田三十畝，仍怕不夠，但是到一八一二年，人口總數除以耕地總數得到二點一九畝，勞軍占地可能是五到六畝。我們所實行的「精耕細作」實際上是用地不夠，越精耕細作越反映土地的用地緊張，對環境的破壞就越大，生態危機越嚴重，社會矛盾越激化，而這些矛盾在明清之後爆發。同時，對於這個問題的解決和定位也導致了不同的路線，如果我們認為這是人地矛盾，我們就會選擇改良主義的路線；如果我們認為這是階級矛盾，我們就會選擇暴力的革命路線。我們的歷史選擇的是暴力革命路線，其實這個政策正是呼應了窮人國中的「大同願望」，使得這個政策可以得以傳播，所以必須把農民的主觀願望和文化拉進來。我們可以設想在一個矛盾叢生、生存壓力越來越大的貧困社會中，人口理論的解釋不僅冷酷，也給人以無望的感覺，而土地不均的道德和政治罪惡的指認不僅可以得到底層和知識分子的認同，也給他們帶來了徹底改變現狀的機會、希望和動力。所以，變不平等為公平以克服貧困和落後，無疑更具有道德和政治的感召力。二十世紀革命基礎是建立在這種內憂外患和整體貧困的情況下，所以順應民意，建立共產主義社會是歷

史的選擇。

　　下面，我們開始講第三個話題。歷史已經為二十世紀上半葉的土地爭論做了一個結論，但是由於歷史是一個無限延續的過程，假設我們將歷史切斷，將其停留在一九五二年之後而再無歷史，那麼毫無疑問的是中國人「天下大同」的夢就已經實現了。事實上歷史卻向後延伸了，並且有它的路徑依賴，前人的選擇構成後面發展的路徑和依賴，這就是人類學所講的結構性因素，歷史是創造的，但是是在結構中構造的，我們來看一下我們先輩經過拋頭顱灑熱血而進行的暴力革命所換來的結果。一九五二年土改完成，其毫無疑問是為了兌現革命承諾，實現土地平均的夢想。在土改之後，人均土地的差距不超過幾分地，高度平均土地。而這只是兌現革命成果的一半，另一半是以土地的公有開闢通往未來的理想之路，以消滅私有來消滅一切不平等，進入共產主義社會。所以，我們發現土地革命在一九四九年以前是發動革命最重要的砝碼，而在一九四九年之後也是建設未來新中國最重要的基礎。所以土地公有化的道路是一定要走的，這是選擇的必然，也是第一邏輯，而工業化之類則是第二邏輯，當代很多的學者抓住第二邏輯不放，缺乏對馬克思共產主義的了解。土地革命實現了千年的夢想，根據薄一波的資料顯示，富農占人均三點八畝，中農占三點〇七畝，貧農占二點九三畝，地主占二點五二畝，高度平均，但是卻造成了土地的細碎化和分散化，造成經濟的災難，導致效率問題，按照魏鐵軍的說法，在剝奪階級的過程當中消滅了農村中最具經營能力和生產能力的階層。這種情況下，農民的地位尤其是貧農的地位得到了改善，但是換來的卻是整個鄉村社會的整體貧困。這個問題在康熙乾隆時期就已經得到了注意，關於是否採用「限田」來解決這個問題在

朝堂引起很大的爭論，但是最終並沒有採用「限田」這個方法，乾隆晚年的時候講述了這個原因：如果拘泥於古制，均其田畝，限其賦值，必使貧者未富，而富者先貧，結果全體貧困。他們對於「限田」並不能解決根本矛盾已經有了清醒的認識。同時還造成一個問題就是，小農擁有土地和糧食之後習慣性屯糧，而不進行買賣，導致城裡糧食供應短缺，政府只得實行統購統銷的政策，提前實行社會主義。社會主義和集體化提前似乎讓我們看到了解決土地細碎化的另一種希望，它雖然有很多背景，但是不能否認為了解決糧食和土地的細碎化問題，使土地合併起來。眾所周知，土地改革實現土地占有絕對平等的理想，展現了農業規模化的前景，但是不能忽略的事實是無論土地占有的高度平均還是集體經營的規模化，都是以國家對鄉村社會的高度控制為前提的，有人認為這種高度控制前提是一種政策思路，或者是工業化的需要，但是回到經濟學的常識上來看，任何正常的自然經濟情況下，資源的配置都不可能平均，平均必須依靠強權才能夠維繫。我們得以理解高度平均與集權之間的關係，知道通過高度管控才能夠維繫規模化的平均，明白農村發生多次政治運動的原因。自然，我們得到如下的幾個結果：與絕對平等相伴相生的以失去農民自古就有的生產和交易自由而換來的土地財富平均，其結果是全體貧困。理解了以土地的個人所有變為集體所有來維持生產者在失去土地之後的平等，自然理解了power對right的壓制，而對各種可能產生不平等因素的強行壓制，來維繫一個沒有效率的低度均衡，而這種低度均衡又因為工業化的大量提取和農村生活中人口的不斷增加，而愈加矛盾凸顯，使得這種體制安排越來越沒有吸引力，這是魏鐵軍的觀點。所以以至於我們後來追求不平等和不公平成為我們的理想之光。我從社會

學的角度總結一下，從歷史社會學的角度看這是建基於理想型土地平均配置原則和制度之上的農村社會大改造所呈現出來的必然結果，理想型者和革命者沒有想到歷史完成了一個悖論性的選擇——追求平等導致貧困。當然在一定時間內，我們的理想主義者和領導者可以走出這個貧困，但是普通老百姓是不能容忍的，所以才有了「資本主義的牢比社會主義的巢長得好」，結果人們開始了對不完美小農生活的追求，我們把這次追求視為對農業、農村、農民的第二次解放。所以至一九八〇年的改革其實非常簡單，就是重新做出一次選擇，使我們重新面對失去了的事實生活，因為理想不可能實現，我們只能在現實中尋求不平等和效用之間的大致均衡，這就是所謂改革的基本邏輯。這樣土地細碎化的現實又突然呈現在我們面前，而且由於下面兩個原因，它比二十世紀五〇年代更加嚴重：第一點，改革者考慮成本的問題，並沒有恢復私有制，而是實行「社區所有，老百姓享用」，叫作村有民享。這種小農細碎化只有形式沒有實質，它帶來了第二個災難，衍生出一個原則叫作村主成員權原則，這種模式下面隨著人口的進一步膨脹，土地細碎化的趨勢加劇。假如沒有強制化，如國家實行的城市化和「征人不征地，減人不減地」，總有一天我們每個人所擁有的土地不到半個教室那樣大，土地的生產功能就徹底喪失了，尤其是在城鄉農村等地方，那裡出現的「拋荒」現象的根本原因就是土地面積太小。而個人的願望和國家宏觀政策在一定程度上是相違背的，所以在短期內很難實現。第二個原因是人口總規模又遠遠超過二十世紀五〇年代，土地的細碎化情況更加劇烈，我們不得不第二次面對土地規模化的問題。土地的規模化就是在這樣的背景下扭轉過來了，但是歷史具有慣性和依賴，其中兩大路徑制約著我們的土地規劃：第

一，農業規模化的速度受制於城市對農村剩餘勞動力的吸納程度，否則農民不可能將土地集體交出來。第二，集體化導致了產生於集體化上的價值評價和文化評價，使得農民對政策有憂慮。所以，規模化沒有政策上的大錯誤，不能再回到強權的規模化上去，只能回到常態的生活中，在不平等和效益中均衡的規模化，意味著承認土地的民有。但是為了照顧集體化所產生的歷史價值評價，我們新創了「民有」這個詞來扭轉到長期，當土地承包長期化和扭轉的時候，這個方向是對，只是這個過程要顧及兩個路徑和依賴，逐漸脫離歷史，走向歷史的新格局，重新實現土地的物權形態所體現出來的規模化經營，重新培植有經營和生產能力的農業生產大主，我們叫作大佃戶，形成現代社會的「小地主大佃戶」，這是一個大的方向。

而今天，歷史已經走了一百年，我們卻又重新走到了二十世紀上半葉，這中間有很多原因難以詳細講明，僅以以上的講座內容來與大家分享。今天的講座就到這裡，謝謝大家！

2009年於華中科技大學演講

馬瑩根據錄音整理

文化創意產業的發展與趨勢

楊志弘　臺灣銘傳大學傳播學院院長

　　今天我們講文化產業。一九七七年我畢業後就開始教書，在一九九〇年媒體改革開放後改為從事廣播電視行業，從一九八八年第一次到北京到現在，已經有超過十年的時間了。昨天有講到臺灣地區媒體的改革開放，它和大陸有些不太一樣。由於涉及很多工程的問題，在臺灣地區最先進行改革的是印刷媒體，而廣播電視行業雖然實行同步開放，但是時間稍微落後一些。早期臺灣地區的文化產業是發展比較落後的，直到一九八七年臺灣地區在政治上進行了改革開放之後，文化產業才真正發展起來。既然講文化產業，我就想問大家什麼是文化？文化的確是無所不在的東西，比如像使用蘋果電腦和手機，就是一種文化，代表某種生活形態。耐克鞋也是如此，它實際上生產的只是生活形態，而其他只是它的代工工廠。還有星巴克的咖啡，漢代的古錢幣，等等。那麼在這種意義上，中國算是一個文化大國嗎？中國有很多的文化元素，但是卻缺乏文化產業。在電影院上映的《功夫熊貓》，雖然元素是中國的，但它卻是美國的文化產業。所以，文化因素多並不意味著文化就強大，它只是代表了悠久的歷史和多年的生活形態，但是作為產業來說，我們是非常落後的。我們非常希望生活中多一份文化的因素，因為這樣會促進我們生活的品質。今天，我將採用很多實例來講述文化產業的問題。

文化，是一個事業，也是一個產業。很多人認為文化是一個沒有金錢的事業，但是文化作為一個產業卻不是這樣的，我們可以看到豐富的文化元素如熊貓也可以賺很多的錢。但是，由於中國制度的問題，使得原創作品基本上賺不到錢，接下來我會講其中的原因。近些年來，收入較高的也就是依靠出售版權而盛行的廣播電視行業，但在這種情況下卻出現了作品相似的現象，比如《闖關東》、《走西口》等，其中就涉及原創作品的低利潤使得人們投資與熱門相似的產品規避風險等原因。同時文化是人文，但是也需要科技。在好萊塢的電影中，有很多數位多媒體的後期製作，如3D跟二維的動畫是不一樣的。我們需要人才，但是需要資金的支援；我們需要創意，但是需要好好經營它，只有創意是遠遠不夠的，從創意到產業的發展是非常漫長的。臺灣著名導演李安有一部電影作品叫《推手》，裡面有很多的中國元素，主要講述中國的父子二人之間的感情，還有《臥虎藏龍》通過西方的技術和鏡頭語言的特色把中國的元素推出來。但後來他是屬於好萊塢的導演，不再是屬於中華文化的導演，他的《斷背山》是非常美國式的，是成功的，他所拍攝的《理智與情感》也是典型的英國文學，也是成功的，他現在和所有好萊塢的工作者一樣，他是屬於全世界的。好萊塢文化不是美國的主流文化，它來自全世界，像李安這樣的人物把中國的元素帶到好萊塢，比如全世界的功夫片中的打鬥最符合藝術美學的是香港地區的，所以無論是中國片還是西方片中的武術打鬥都是在吸納中國元素的基礎之上的。文化產業是一個產業鏈，從上到下都需要非常完整，如維持科技智慧材料的人才、資金、經營等。大家所知道的李安所拍攝的《色戒》，從道具的小點心到各個方面的細節都是在高度還原當時的情景，所以當李安到好萊塢之

後，由於得到了一個完整的產業鏈、最好的技術、最好的資金等逐漸顯示出了大導演的能力。另外，文化產業是全世界的產業，比如NIKE（耐克）文化產業，它在全世界尋找工廠、資金、設計師、代言人，其具有世界性。因此文化產業有一個簡單的定義，可以稱之為文化產業或者創意產業，它來自文化或創意的一種積累，或者叫作智慧財產權，如耐克、蘋果、星巴克都是一種智慧財產權，具有創造財富和就業機會的能力，對提升整體的生活環境是非常有幫助的。其產值非常大，就業和參與人員一般都很多，根據二〇〇二年臺灣地區在與韓國文化創意產業競爭時做過的一個比較資料顯示：韓國當時在半導體方面的收入是一四二二億美元，肖像權一四三〇億美元，手機六三七億美元，遊戲六八一億美元，數字家電四六一億美元，動漫七五〇億美元，造船三八〇億美元，電力六六八億美元，汽車七千九百億美元，傳統媒體一八八億美元，可見工業並沒有比文化產業的產值高出多少。而美國作為最大的資本主義國家，它把智慧財產權看作一個版權的概念，與中國、日本、韓國等強調創意文化不同，它強調的是一個產業鏈。美國的例子會讓我們知道什麼是真正的文化創意產業和它的規模有多大。第一，對於文化產業和版權的區分。它的核心版權業是指劇場、歌劇、錄影、廣播電視、攝影、視覺藝術、繪畫、廣告、軟體資料庫等，還有一部分是指服裝、家具、珠寶、室內設計跟其他的工藝品等。在這個基礎上，文化產業和版權是相互依賴的，這些邊緣產業除了常說的軟體、硬體之外，還有發行版本權產品的批發、零售、大眾印刷、電信網路的投入，促進它的流通相當重要，一旦出現問題，就會延誤技術、人才、資金、物料等，從而會增加不必要的成本。根據二〇〇六年的調查資料顯示，二〇〇三年至二

○○五年期間美國版權業所占GDP的比重是百分之十一左右，核心的版權業是六點多百分比，經濟成長的貢獻接近百分之二十四，就人口的數量來說，這個比重還是比較大的。二○○五年美國的人均工資是四萬九千多美元年薪，將近五萬美元，而文化產業的人均工資則是六萬九千多美元，將近七萬美元，這意味文化產業大國跟傳統製造業的國家收入分配是不一樣的。文化創意產業的原創性和創新性是很高的，以臺灣地區為例，文化創意產業包括視覺藝術、版權代理、舞臺音響、陶瓷玻璃藝術等與文化部有關的產業，另外還有新聞出版局、廣電廣播電視出版署相關的電影、廣告等產業，還有與資訊部相關的設計業、品牌、時尚、建築、生活數字等行業。對於文化創意產業行業的劃分，臺灣地區規定了十三個行業，大陸規定了十一個行業，但是之間的區分都不是特別的大。一般來說產業分析最基本的指標是人才（本人）、資金（本金）、技術（本業）；第二是市場構面，就是面向市場在擴大產業的同時保障產品的設計到成品完成，而臺灣地區由於市場很小，只能完成其中的一部分；下面是價值鏈和供應鏈，產業群聚的意思就是生產產品的部件廠商集中在某一個位置，降低成本；最後一個是學習和成長的潛力，廠商的學習和成長的潛力，還有資金等方面的穩定性。這些指標不僅適用於文化創意產業，也適用於其他產業。根據國際著名產業分析公司麥肯錫（音譯）對臺灣地區在二○○○年左右所做的文化創意產業分析資料顯示：對比中國內地、臺灣地區、香港地區、韓國、日本五個地方，日本在總體上是遙遙領先的，在人才技術資金方面，韓國最近幾年發展很好，臺灣地區和內地的情況不是很好，香港地區則是時好時壞，都不太理想；在市場面上，內地要好很多，臺灣地區的數值很低；其他，如在產業群聚和全

球供應鏈所占位置、基礎設施方面，政策、學習成長、資金的穩定性等，綜合考量香港地區還可以，日本最強。這幾個地方很特別，有共同性，但是還是不能發展成為文化產業，因為制度條件等因素不同，比如臺灣地區比較會生產產品，香港地區善於理財，基本上不可能出錯，做工科的都知道這就是生產線的OP線，九九乘法表的好處就在於怕你不知道你要什麼，只要告訴我你要什麼，我一定賺得到你的錢，雖然很少，但最後的結果一定是會占最多。有一句名言：「跟九十九個人合作，每個人賺一塊，能賺九十九塊，好過跟一個人合作賺他五十一塊，他賺四十九塊。」香港地區與內地合起來，它的競爭力就是另外一種情況了。

　　需要注意的是文化產業跟其他產業有很大的區別，它是一個高風險的行業，智慧財產權用來貸款難度很高，所以會有一個融資的方式，融資可以用智慧財產權做擔保，部分的融資資金由政府來做擔保，如果總計畫核定一千萬，它的額度上限則為可貸八百萬。

　　從產業經濟的角度來看，在我們的文化產業中有一個3T。第一T，是指人才。而需要什麼樣的人才要根據產業的特質來決定。大學生難以就業，一個是產業結構的問題，一個便是大學生自己都不知道自己所學是要做什麼，從事何種工作。比如：有一個學生在臺灣地區最好的法學院——臺灣大學讀書，從小父母期望他要麼當律師，要麼做醫生，但是他很不開心，兩年後棄讀，在幾萬人的競爭中考入日本的一所廚藝學校學習烹飪。他從小就很喜歡食物，現在是臺灣地區某五星級酒店的主廚。所以說行行出狀元。第二T是指科技平臺。文化很重要，它有不同的形態。對於其他文化形態的欣賞、了解其所蘊含的特質十分重要，只有這樣才能由它的文化衍生出優秀的文化產品。

當年，臺灣地區從工業化到市場貿易發展的時期，突然發現市場很小，在很短的時期內就把內在的市場做到了飽和的狀態，於是便只能向外發展。所以一開始就應該思考，消費需求什麼，我們就生產什麼，並且根據不同的地域，不同的生活習性，不同的生理特殊，把商品精細化。但是，在以前，祖國大陸很少想到消費者需要什麼。再例如一個火鍋店，它的等待區可以有各種各樣的免費服務，如下象棋、擦皮鞋等，但是你可能只是想要吃一個火鍋，但它的服務是超出的，是附加給你的，即使味道一樣，它的生意也會好很多，這個火鍋店也就會有一個完整的模式。另一種，即你讓我做一個產品的標籤，我就只做標籤，不會做產品，不做完整的產業鏈，但是，我的標籤我會做得十分細緻。兩個例子思維不一樣，理念不一樣。祖國大陸通常是完整的產業鏈，而臺灣地區則是把一個環節做到極致，兩種方式各有利弊。

同時，創意、創新跟創業是不太一樣的。創意很重要，但是只有創意不能解決問題。什麼是創意？創意就是原始的構想，具有原創性。創新是什麼？是整個作品的產制，例如：怎樣的商業模式、技術、資金人才資源到底在哪裡等。倘若，只有創意，沒有創新，就如同空手有一個劇本，但是不知道演員在哪裡，資金在哪裡，只有腦中的構想。例如，臺灣地區為什麼演偶像劇，是因為臺灣地區演員人才的缺少，沒有專門培養演員的學校，所以，在演需要一定演技的電影的時候，缺少演員，便只能演偶像劇，也不需要優秀的劇本。也如同中國臺灣地區做的綜藝節目，綜藝節目有綜藝節目的遊戲規則，但是要做一個完整的，所謂比較高層次的藝術節目會很難。沒有按照商業價值去開發或創新或按照商品衍生價值的回收，那麼便是沒有完整的

創制，就只能以「小鼻子」、「小眼睛」的規模所進行創作。

　　美國在二〇〇一年做了一個調查，在美國各種不同類型一共一百部漫畫與動畫中選取影響美國家庭最多、影響美國女孩子最多的動漫，進行了一個問題的提問：「你認為美國發生危機的時候，哪一個漫畫或動畫最有用？」而結果是：「《The Simpsons》（辛普森）。」辛普森在美國經濟不景氣的今天，三十秒廣告價值六十二萬三千美金，《辛普森》這部動畫片中的人物需要喝可樂，但是按照美國的法律，不能隨便使用商標，它便自己創造了一個商標，結果現在，它所創造商標代言的可樂比可口可樂還貴，辛普森各個角色深入了美國家庭的方方面面。二十年來，隨著美國社會的發展，經濟的起起伏伏，辛普森也隨著美國家庭共同成長。所以我們不可小看文化產業，它具有很強的活力。

　　下面，我們來講什麼叫隱形價值？即沒有被呈現、沒有被實現的意義和價值。文化產業的隱形價值，例如對日本的認識來自索尼的產品，對韓國的認識來自《大長今》和一系列的韓國偶像劇。從市場經濟的角度來看，有些價值是被隱藏起來的，當市場失盈的時候，即市場的供應需求不平衡時，隱藏價值往往有著重要的意義。經濟學家所講的經濟學問題，是需要根據他所思考的變數，所以變數不一樣結論不一樣。我們回到供應需求，舉例：華科男女比例七比一，有一個小孩情人節要賣二百朵玫瑰花，八萬人的人數總量，男生七萬人，一萬女同學，但是只賣掉五十朵，剛開始定價五元，最後改價二元。其中的供應需求便有隱形價值。即供應多需求少，價格下跌，供應少需求多，價格上升。

　　那麼，文化產業的經濟誘因不足是什麼？有一種現象叫市場的利

益外溢，本來應該創作的東西應該在自己的池子裡，但它漫出到別的池子裡，肥水流入外人田。利益不歸原創者，道理就是這樣，如一個人好不容易創作了一首歌曲，結果作者沒有獲利，盜版賺得更多。當模仿是一種創意，創意活動就會停下來，經濟的誘因不足，就造成了沒有人會原創。但是，外溢獲利者進行模仿而且進一步進行成功的創意對整個行業會產生良性迴圈，所以有創意的模仿和完全複製不太一樣。經濟誘因不足會導致交易成本過高，創意沒有辦法順利進入市場，在人才、金融、法律等方面也要做好充足的準備工作，有市場而沒有很好的服務也是無法做得長遠的，一個歌手沒有好的經紀人依然做不好。創業團隊和經紀人都非常重要，創意需要一個完整的團隊。藝術對創意者、對消費者來說是相互提升的，如有時候在一個文化藝術不高的市場做得很好卻不會有很好的反射和展示。其解決的方案就是要把文化產業的隱形價值，把溢出去的文化創意帶到自己的產業中來，把被溢出去的利益進行整體的、多盈經營模式規劃的對待，從而改變盈利模式。例如，現在音樂行業對待盜版的態度，即開始與網易、彩鈴進行合作，現在CD本身不是產品，它是DM、是廣告，不怕被盜走，然後可以吸引更多的人來聽演唱會，看演唱會，演唱會搶票，出售紀念品，到網路上用很低的價格，進行廣告，把利益帶進來，從而帶動唱片市場的發展。全世界的文化產業和電視行業，原創最多的是英國。當一個社會被壓抑太久，便會有很強的創意，全世界原創性的文化產業百分之六十來自英國。事實會說明一切，產業會被模仿打死。如果自己不利用自身的歷史、自身的特質進行創意便會被其他人搶先一步進行創意，例如《功夫熊貓》的創意。另一個案例是非常傳統的野臺戲的案例：《白蛇傳》中的水淹金山寺。引進現代的

編劇團隊，劇本的重新編寫、舞臺的改變、電腦的製作、燈光、電影鏡頭的製作、電影的分鏡技巧等，這些方面都進行了創新，從而改變了傳統的文化元素，並賦予其新的生命力。所以，文化傳統的元素沒有問題，它有很大的市場，能夠推動不同的產業發展，利於產業鏈的形成與完善。一九八五年，賴聲川買了一個相聲的節目，但是當時的大眾並不喜歡兩人長袍的相聲戲劇表演。於是他用了一個「今夜我們來說相聲，為紀念消失掉的相聲」的創意，將西方的舞臺和中國傳統的相聲、電視、電影傳統都融合進去，把精緻的藝術與大眾文化相結合，這樣的一個新的舞臺形式，以舞臺劇的創作為主角，相聲、電影、電視、單人劇四種藝術結合為原創，便有了電影、唱片、電視單元劇等創造了一個新的文化模式，甚至有些電視單元劇高達六百集。今天發生的事實新聞，晚上就能夠出現在事實的單元劇中，從而出現了一批很瘋狂的文藝愛好者。但是這裡有一個問題，即大陸原創走上了不歸路。不僅因為盜版，還因為交易成本，而且對於原創保護的缺失等導致原創很難賺到錢，因此，它也就很難能夠繼續發展下去了。今晚我們的講座就到這裡，謝謝大家。

2009年於華中科技大學演講

馬瑩根據錄音整理

輿情與社會

王來華　天津社會科學院研究員

今天想給大家介紹的題目是「輿情研究與和諧社會建設」，這個內容在我來之前做了一些調整和修改。原來是兩個部分，第一個部分是講我對輿情概念的一些看法和一些研究的情況，包括對輿情研究重要性的一些認識；第二部分是結合和諧社會建設談談輿情研究面臨的一些任務。在來之前我又想了想，因為咱們管理學院專門有一個輿情信息研究中心，是一個很重要的新建立的研究機構。那麼結合咱們管理中心的一些情況，我想談一談輿情信息。一會兒大家會明白，輿情和輿情信息還是有一定的差異的。所以第三部分是臨時加進來的。

首先給大家介紹一下輿情的概念、重要特徵和研究現狀，這是我要說的第一部分。關於輿情的概念，我們最早開始研究的時候是從傳統中國典籍中去尋找的，最早使用的是南唐的詩人李中，他有一首很長的絕句詩，裡面有兩句話：「格論思名士，輿情渴直臣。」李中是最早使用輿情概念的人。但在我們深入地做輿情研究概念以後，中國學者發現最早使用的人並不是他，從最早的文獻看，是唐昭宗的一封詔書。輿情到底是什麼？「輿」字，按照《左傳》的一個注解來說，「輿，眾也」。輿，就是老百姓，大眾。輿最早的解釋是車，後來就延伸為造車、推車，就是一些幹活的普通老百姓。「情」的解釋很多。「輿」和「情」一起使用，最早是唐朝的末代皇帝昭宗在西元

八九七年的詔書中使用的。我們研究所在成立之後便開始踏踏實實地研究輿情的範疇，後來在二〇〇三年出的第一本書《輿情研究概論》中給了它一個定義。從思想認識上來說，有兩個來源，一個來源就是中國傳統、中國歷史上對輿情概念的使用，特別是在清代。剛剛我說最早使用是唐昭宗，後來在二十四史這些文獻中去查，實際上使用輿情的地方還很多，但是在中國的清代，特別是清末使用輿情概念的次數更多，比如在我所工作的城市天津，就有李鴻章的一個捐辭，在敘述他業績的碑文中專門使用了「輿情」這個詞；袁世凱曾經向光緒皇帝講一些奏章，裡面也用過輿情。據我們所查，毛澤東主席在一九二九年也使用了輿情。我們比較了它的各種使用情況，就認為它主要還是講一種主觀的東西。另外我們在很多與輿情相關、相似，甚至相同的民意的研究著述中發現，它的解釋也更多的是講一種意見，民意的研究在西方、在港臺應該是非常多的，但也是在講主觀的東西。我們覺得，好像將輿情從心理活動，特別是群體的心理活動的角度去定義它，可能就更貼近它實質的部分或它的本意。在這些研究的基礎之上，最後我們提出來一個對輿情的概念認識，後來我們把它定義為一種狹義的認識，就是《輿情研究概論》這本書中的定義：「輿情是指在一定的社會空間內，圍繞中介性社會事項的發生、發展和變化，作為主體的民眾，對作為客體的國家管理者產生和持有的社會政治態度，如果把中間的一些定語省略掉，輿情就是民眾的社會政治態度。」簡單地說，即是民眾的社會政治態度，我們就將它定義為輿情。這個定義的產生其實非常不易，在我們前面的一些研究基礎之上，實際上我們又用了一年半的時間，在提出這個定義之前，經過了反復的討論和意見的徵求。從現在的情況看，我自己覺得這個概念認

識基本上還是比較站得住腳的，這和我們當時的研究相對比較扎實是有連繫的。

　　有些學者提出了一些不同的意見，就像我們在第一本書中也特別強調，他們意見集中在我們對輿情的定義偏狹小，只講它在於態度方面和群體心理活動，特別是其所帶有的政治指向性。不僅是態度，而且是社會政治態度偏狹小，關於這一點，我們在第一本書中也有所察覺。其中有一段話是這樣寫的：把輿情作為民眾社會政治運動的狹義概念解釋，把焦點放在了民眾的社會心理活動上，把輿情看作是民眾與黨和政府之間利益關係的反映，並且總是在利益關係的主題上做文章，瞄準與不同利益群體的利益訴求，這是構成了一種認識輿情與社會群體心理活動的特殊視角。再通俗一點地說，就是我們把輿情在狹義上定義為民眾的社會政治態度，在外延上肯定不會那麼寬，但是把它最核心的東西體現出來了。作為民眾的社會政治態度，它的本質在定義中談到主體是民眾，客體是國家管理者，他們之間的關係有利益關係的反映，這實際上就是輿情的本質。輿情作為民眾的社會政治態度，體現了在社會政治態度裡面就包含著民眾和國家管理者之間的各種利益關係。也就是說，這麼狹義的一種概括把它最本質的東西都突顯出來了。我們研究所張老師的一本書裡，對輿情有一個廣義的解釋，就是把民眾的主觀願望或者是民眾的社會政治態度再者之外又加上了社會的客觀情況，簡單地說叫社情民意。如果說輿情在狹義上叫作社會政治態度或民意，基本上是一碼事的話，那麼廣義的輿情概念認識就相當於一個社情，就是他的物質生活情況或者是它生存的環境方方面面的，要是通俗地講就是社情民意，這就是一個廣義的解釋。

　　下面我再著重介紹一下輿情概念與輿論概念的區別。在輿情的研

究尤其是初期的研究中發現，輿情概念與輿論概念常常混淆在一起，而且相當普遍，包括在港臺和國內出版的著作中，常常把輿情和輿論或民意和輿論混在一起說。如果把輿情和民意等同起來看，以至於輿情和民意之間的差異也同樣被混淆了。在研究中我提出來有三個主要的區別，通過區別大家可以進一步地認識輿情的概念。第一個區別是根據輿情的基本定義來說的，只要是民眾所想的都是輿情。但是輿論就不是這樣了，輿論本身有狹義和廣義的解釋，輿論研究廣義的解釋是公開的意見，這一點和輿情的差異很明顯，輿論更多的是和媒體相關聯，特別是現在的網路媒體或者是傳統的紙本子，這是第一個差別。差別二在於，輿情是來自民眾的社會政治態度，是民眾的心聲，而輿論既包括了民眾的聲音，也包括了政府的聲音。協力廠商面的差異可能不是那麼好表述，輿情研究強調了它對群體性活動的剖析，對一群人或一個群體等具體心聲的研究常常涉及它們作為民眾的心理構造和變化過程，它是與群體性的活動有著直接連繫的。輿情作為特定的心理活動與群體心理活動有一些特徵，要研究輿情的發生、變化和結束的規律的時候，肯定要結合群體心理活動本身的一些變化的特徵，從這個角度來深入下去。這提示我們，對輿情的研究，實際上它的視角更多的是和社會心理學、群體心理學或者群體心理的研究是密切相關的。輿論研究一般不是這樣，輿論研究雖然也關心群眾的心理活動等，但它關注這一意見更多的是在媒體上，關注它的產生和傳播過程，特別是一些傳播學方面對輿論的研究，它更多地關注傳播過程的規律。所以，在這一方面它們也存在區別。歸結起來看，輿情本身和輿論的研究還是有很大的差異的，這是我們在研究中應該要注意的內容。輿情研究涉及很多其他的學科，實際上是很多學科交叉研究的

內容。

　　下面我想談談對輿情幾個特徵的初步認識。第一個特徵，輿情作為一種特定的社會政治態度，是一種帶有政治指向的群體心理活動。第二個特徵，輿情是民眾對各類中介性社會事項的刺激反映或直接感受。中介性社會事項是我們提出的一個概念。公共性活動肯定是中介性社會事項，領導人活動對一些社會事項的處理，包括一些活動中領導人的形象，這些都可以視作中介性社會事項。沒有中介性社會事項的刺激是不會產生輿情的。中介性社會事項無論是什麼內容，它的出現必然會引起我們在座的同學們的感受、情緒、認知和行為傾向，形成了一種刺激與反應。概括起來講，即為輿情是民眾對各類中介性社會事項的刺激反應和直接感受。第三個特徵，輿情的背後是利益關係。輿情的發生與民生問題連繫很密切。中介性社會事項出來之後，所產生的民眾的社會政治態度肯定有利益關係在裡面。第四個特徵是輿情本身發生的微觀性很強。它發生在我們的社會生活之中，主要是群體的心理活動。第五個特徵，輿情的形成一般很複雜。它既然作為一個群體心理活動，不說個體本身的態度變化，就說群體心理活動之間，大家相互影響，從眾心理出現及各方面的干擾，等等。在輿情形成一個比較成型的社會政治態度之前，這個過程常常是此消彼長、交叉影響的，是很複雜的。第六個特徵是不同區域、民族和文化背景中，輿情發生具有差異性。從歷史的角度、從文化差異性的角度來說，不同人群的輿情的發生具有差異性。第七個特徵，輿情本身有健康和不健康的區別。第八個特徵，政府決策不一定都與輿情保持一致，但是輿情與政府決策過程不能脫離社會公共政策這個重要基礎。輿情或民意研究應該是在公共政策方面都有著舉足輕重的分量，在公

共政策制定之前是基礎的，在公共政策實施之後是簡易的標誌。第九個特徵，輿情與社會輿論之間容易發生相互轉換。輿情與社會輿論之間雖然具有差異，但是它們是容易發生轉換的。第十個特徵是對輿情的認識和了解是了解社情民意的重要內容。

第一個問題的第三個方面是輿情研究的現實性和目前的研究狀況。輿情研究的現實性或重要性是不言而喻的。我們研究所成立以後，有兩方面的成績，一方面是我們出的十幾本書都是研究輿情的，我們出的數百篇文章還有學術報告也都是研究這一方面的。再一方面就是我們有一個比較好的團隊，是全國唯一的專門以輿情研究為中心的團隊，我們研究所還是我們院的一個重點扶持對象，建設的主要內容就是輿情研究，特別是以我們為主的一些輿情研究應該還是初步的、探索性的，水準還不太高。現在輿情研究還存在很重要的不足，就是對輿情的發生變化規律的研究還不足，包括我們現在對這些方面的研究還只是初步的探索，還不是很完整。可喜的是，包括我們管理學院的輿情信息研究中心，徐院長、王主任以及博士生和在座的各位對這類東西感興趣並進行了深入的探討，我們將來會形成一個合力，為我們中國的輿情研究事業做出貢獻，還能推動輿情的研究、民意的研究，這些研究和我們國家的黨和政府的民主、科學、依法執政有著直接的關係，也就是能夠對於我們國家的發展，甚至於對我們地方政府的發展都會做出我們應該做的貢獻。

下面我談第二部分，輿情信息的概念和重要特徵。咱們學校的這個中心叫輿情信息研究中心，我們研究所叫輿情研究所，應該說還是有些不同的。輿情信息研究除了研究輿情之外，還要研究輿情信息。輿情和輿情信息之間還是有差別的。前面我們說，「輿情」這個概念

的記載出自詩人李中，如果要看文獻記載，「信息」這個概念，也是出自李中。遺憾的是，經過研究發現，「信息」概念最早出現並不是在李中的詩中，而是比他還早的詩人杜牧在其詩中已經使用了「信息」。這裡只是舉一個例子，做學術研究，有些概念還是應該搞清楚。輿情信息的概念一般意義上是指什麼？輿情信息是指以聲音、表情、體態、文字、資料、圖表、圖像等為載體，特別是以文字為載體，以民眾對各類中介性社會事項的情緒認知和行為傾向等社會政治態度為內容的信息。也可以簡單地說，輿情信息就是輿情的信息，但是要把它分解開來說，就是我剛剛說的那些。具體來看，輿情信息可以被稱為涉及社會輿情的信息，社會學信息屬於社會信息的一個範疇，除了包括國內普通民眾對仲介性社會事項的社會政治態度以外，在外延上也包括了海外的，來自海外對我們國家重大方針、重大政策、重大部署，以及社會自然條件、自然事件、社會要點、焦點、難點問題等各種事項的反映，還包括來自海內外的各種社會思潮、互聯網上的各種思想動態，這些都可以叫輿情信息，或者叫社會輿情信息、網路輿情信息。這是從它的外延上來說的。要從輿情局的輿情工作角度來說，它的外延就更寬了，但主要的方面是這些。輿情信息本身也有著一些重要的特點。第一個特點是輿情信息是反映輿情的信息。輿情信息以社會上各種散在的輿情為內核，因此輿情信息的把握就受到輿情自身內容的制約。第二個特點是輿情信息一般都需要編寫和整理成文稿等形式，在這個過程中，輿情信息成了人們有組織、有目的地升級、分類、加工和處理的對象，也可以稱為一種圍繞輿情的信息產品。第三個特點是輿情信息在被發現和提出來的時候，帶有主觀的判斷在裡面。第四個特點是輿情信息是一種適用於黨、政府部門

決策的專門信息，是服務於一定黨政部門，服務於中央、地方省委、省政府、市委、市政府等的信息。因此它就很容易被強調，因為它是一種作用於各級黨政部門決策的專門信息，所以它的政治性很強，服務性很強，嚴肅性很強。再加上兩條，即真實性很強、保密性很強。第五個特點是從黨政部門和決策者的角度看，輿情信息本身要被選擇或作價值判斷，所以輿情信息本身在使用上就有了高低價值的區分。這就是說，在輿情信息的研究、彙集、分析或者是研判的過程中，就要考慮哪些輿情信息需要重點的研究，哪些輿情信息需要重點的搜集。這就是輿情信息的一些特點。

接下來談談對輿情信息工作的研究狀況，主要是研究輿情信息的工作機制。在輿情信息的研究當中，一方面是研究它的傳播規律，主要是從信息範疇的角度來看，這方面我做的研究不多，所以就不舉例子了。

第三部分是輿情研究與社會變遷、社會和諧。大標題是輿情與社會。這是從更大的一個角度或者是更宏觀的一個角度，跳出輿情研究本身來看輿情研究的意義和它的任務。改革開放三十多年來，我們的社會經歷了很大的變遷，無論是社會學者還是經濟學者，還是其他學科的一些專家們，對社會變遷的認識都有很多。有專家提出，應該依靠整合的力量，來保證社會變遷的順利進行，防止消解矛盾，防止衝突或者解決衝突，通過整合來促進社會的發展。我們黨中央提出了和諧社會的建設目標，在黨的十七大特別報告專門文獻中提出了這個重要任務，也提出了具體的路徑。應該說，從我的學術的角度去認識，這就是一種整合。和諧社會與總書記提出來的科學發展觀，實際上也是一種整合。當然在我們國家，和諧社會的構建、科學發展觀的實施

意義更重大。

在我們國家的社會變遷中，有一個很衝突的問題就是貧富分化。社會收入差距過大或者貧富分化一直是輿情或者民意的前三個問題之一。這對社會變遷、改革開放的影響非常巨大，是一個潛在的威脅。要解決好這個問題，特別是解決一些低收入群體的問題顯然是解決貧富分化的很重要的一個途徑，也是解決民生問題的核心，而解決整個民生問題，又是解決好社會變遷中的一些對社會變遷、社會改革開放過程影響很大的貧富分化問題的重要角度，甚至可以說是最重要的角度之一。正是由於存在這些方面的問題，在輿情方面也出現了很多方面的一些情緒，我把它們概括為三仇：仇官、仇富、仇情。如果能夠解決這個事件，顯然對調節輿情是有重要意義的。因此，在社會變遷、和諧社會的構建中，輿情研究也面臨著重要的任務。從研究角度來講，研究輿情發生、變化和結束的一般規律，特別是對輿情結束規律的認識，輿論學者提出它會出現一種殘留。輿情的結束不是真正的、完整意義上的結束，而是表現為一種殘留。怎麼更深入地去研究？這是在座的大家共同的任務。另外輿情研究事業帶動的幾個主要命題，實際上也是探討輿情發生、變化、結束的一些規律，因為時間的關係，我不再多談。我著重想說的是輿情正常態和非常態的問題。我認為我們現在的社會中存在輿情危機的問題。那麼什麼是輿情危機？即是針對某一受中介性社會事項刺激，涉及民眾利益比較深、比較廣，並且在過程中積累以往的不滿情緒，最後形成一種比較強烈的民眾與黨和政府部門不同級別的在思想認識上的一些對立，甚至激烈反對的社會政治態度。它強調的是激烈的對立甚至是完全反對的社會政治態度。輿情危機，也可以說是民眾思想和情緒上面的危機。這比

一般的輿情，表現得更為強烈、激烈和對立。研究輿情危機的一個很重要的意義在於，它可能會與群體性突發事件發生轉換，也就是其會由思想危機或者情緒方面的危機、態度方面的危機，變成一種行為衝突。群體性突發事件就是行為衝突，不僅在認識上強烈對立，而且變成行為上的。所以對這些方面的研究，特別是對群體性突發事件的研究，要同時注意對輿情危機的研究。這都是我們在研究社會變遷、改革發展過程中、改革開放過程中和促進社會和諧建設中所收穫的一些成果，這不僅是在理論中研究輿情，而且在現實案例研究中預警性的一些方面都應該注意的，這也是我們的任務。這樣的話，才能使我們的輿情更好地為黨和政府的決策服務，也可以使我們的輿情從學術研究角度來看更貼近實際、更真實、更深入、更全面。也可以說輿情危機是一種非常態的輿情，非常態的輿情表現為一種輿情危機，所以我們要積極地應對危機，引導輿情進入正常態。落腳點放在最後一條，就是要做好輿情的具體工作，包括具體的學習和分析工作、建立社會意見工作機制等。

2009年於華中科技大學演講
梁青根據錄音整理

歷史的抉擇：
經濟發展和產業升級問題

高　梁　經濟學家、曾任國家發改委經濟體制與
管理研究所國有資產研究中心主任

　　對於中國二十世紀八〇年代中期以來的經濟體制改革我是有所了
解的，不過我也應該承認每一個人在這個歷史過程中所起到的作用都
是有限的，都是整個系統的一分子。改革是一個系統演變的過程，是
很多人、很多的機構共同推動的結果，而不是一兩個人推動的結果。
當然在這個過程中我們的總設計師鄧小平同仁，也包括前任的胡耀邦
同仁、前任的趙紫陽同仁都起到了不可磨滅的作用，同時到了後面江
主席和胡主席都在不斷地推進。所以我們應該歷史地看待問題。

　　我準備這麼講：這個歷史的回顧我只是簡單地一筆帶過，我想對
現在改革的狀態和對未來的一些想法稍微詳細地介紹一下。

　　首先講一下改革的歷史。基本上分成兩個時間段來看：一個是
二十世紀八〇年代，一個是二十世紀九〇年代。從十一屆三中全會開
始就提出要搞體制改革，但是在十一屆三中全會以後，當時對國有企
業改革、對體制改革應該怎麼做，應該做什麼，還是比較模糊的，只
是籠統地說存在權力過分集中的問題。也就是要在市場經濟的條件
下，擴大下面的權力。但是最後改革走到了今天這樣的一個狀態，我
覺得我們要歷史地看問題。計劃經濟時代對我們初步的工業化起到了
不可磨滅的作用。這一點其實可以和蘇聯早期工業化的歷史相比較，
道路是一樣的，在國際社會上也是有了定論的。問題在哪兒呢？一旦

動用國家的權力，把有限的經濟積累都用在初步工業化的體系建設上，一旦這個體系擴大，就會帶來問題。大家知道工業體系，或者說是以工業為核心的經濟體系，是一個高度複雜的體系，不是像農業經濟一樣可以隨便進行調整，在計劃經濟下的經濟體系形成以後，它本身就會帶來一種自我僵化、自我固化的傾向。如果企業高層管理人員想要管理一個不斷擴大的企業，顯然會搞不好，這就是當初搞體制改革的一個原因和初衷。

我簡單地回顧一下自己的經歷。我在計劃經濟時代，在國有企業當了六年的工人，我個人認為當時的國有企業有一定的效果，也能產生一定的效益。這個效益今天看來肯定是不可想像的，實際上還是有效益的。效益來自何方？第一就是承銷、企業的計畫、企業的活動、企業的物資調配和企業的價格全是固定的；人事是憑藉調配的，財務也是分配好了的。大體是這樣，不一定全部是這樣的。我記得我在做六年工人的時候，頭三年是學徒，第一年月工資十七塊，第二年十九塊，第三年二十二塊。轉正之後，一級工三十三塊，二級工三十九塊。我們從一九六二年到一九七七年這十五年期間，工資幾乎沒有調整。所以說普遍貧窮，就是這樣。當時的國有企業效率，我覺得是產生於兩條：一條就是從領導人到基層的自覺性，叫作革命覺悟，還是比較高的；第二條就是低工資。但是這樣的東西是不是能夠維持下去，長久下去，顯然是不行的。所以當一九七七年打倒「四人幫」之後就開始漲工資、發獎金。工資和獎金一旦進入到了企業的經營之後，那麼它的內在的邏輯就要發生動搖。人們就要開始全面地反思當時的國有企業的弊病究竟是在哪裡。我想，恐怕有幾個問題。第一就是說企業的生產計畫和市場需求是脫節的；第二價格是扭曲的；第三

財務工作不到位；第四是所謂的政企關係，就是說企業和政府的關係是一種行政管理關係，這樣企業就很難根據市場的需求來調動企業的生產經營活動。

　　大家可以想像一下，如果現在把企業的股東會比做當時的一個國有企業的主管局的話，那麼股東會顯然更加接近於市場、接近於經營，而一個官方的機構顯然是和市場脫節的，所以產生了諸多問題。在二十世紀八〇年代初期是一個經濟改革的大討論時期。第一是要不要引進市場經濟，要不要遵循價值規律；第二是企業在經濟活動中間起什麼作用。對於這些有了一些討論，得出了兩個結論。第一是認為市場和計畫是社會主義發展經濟的兩個必需的手段；第二是企業應該成為自主經營、自負盈虧的市場主體。這樣的討論也反映在了一九八二年的十二大文件中。一九八三年的十二屆三中全會有關於國有經濟改革的文件中講到社會主義經濟是一個有計劃的商品經濟，等於說在理論上有了一個推進。整個二十世紀八〇年代就在這樣的一個理論之下推進改革。農村改革我就不說了。那麼當時的企業改革主要做了什麼事情呢？大家知道在二十世紀七〇年代末八〇年代初的時候國家是一個什麼狀態。一九七八年我們國民收入的總值是三千六百億，今年我們知道，剛剛發布的消息說二〇〇七年的GDP是二十四萬億，大家就可以算一算，去掉價格因素整整漲了多少倍。而且當時在工業經濟中百分之九十八是公有制經濟，這百分之九十八中百分之七十是國有經濟，而且基本上是基礎經濟。也就是說，整個經濟體系基本上都是屬於單一化的經濟體制，國家的財力是建立在國有經濟的基礎上的。什麼意思呢？國有經濟交給地方和中央的利潤形成財政，而企業的利潤來自什麼地方呢？首先是固定的相對較低的工

資水準。這個時候百廢待興，人們都希望能夠儘快改善生活，增加收入，那就要發獎金。既然要發獎金，當然獎金有提高生產力的作用，但是相對地說上繳的財政會減少，這是其一。另外，我們要想讓企業自主經營、自負盈虧的話，就應該按照市場機制有一個相對放開的價格體系。產品價格要自我決定、自主決定。當時的情況是什麼樣的呢？原材料價格偏低，加工價格偏高。如果放開的話，原材料一定漲價，而原材料漲價的話，當時的財政來源的主體是加工業，而原材料行業漲價以後它傾向於少繳財政，而加工業利潤減少的話，它也要少繳財政。也就是說當時如果把價格放開，最大的風險在於國家財源的萎縮。如果漲價的話，當時居民收入是非常低的，我記得一個大學生工作三年之後他的月工資不過是六十塊錢，像我們工人的話平均水準也就是四十到五十塊錢，市場漲點價的話就不得了。所以受到兩方面承受能力的制約：一個是財政，財政不能減少收入；另外一個就是漲價的問題。所以當時把市場價格體系理順是形成企業能夠平等競爭的先決條件。

在這一點上我想多說幾句。國家在改革開放的時候做的幾件事情是值得紀念的。第一個是擴大自主權。擴大自主權主要在於提高企業的盈利水準。第二個就是權力下放。當時我們有十幾個工業部，如冶金部、機械部、資訊產業部、化工部、石油部和電力部等。大部分的企業是在部門，也就是在中央管轄之內，這樣就顯得企業過於喪權。所謂喪權就是使得多數企業失去基本的權力。權力下放則是使得企業的多數權力下放到地方。當時走得最快的就是機械部，然後是資訊產業部，把手裡的支柱產業全部下放。這樣做等於是減少管理層次，也使得企業有更多的經營權力。第三就是不買斷。在這之前企業的技術

改造、企業的投資都要由財政來負擔，企業是「大鍋飯」體制，當時還沒有今天這樣的資本市場。那麼怎樣才能夠使企業加強經濟核算，同時減少財政負擔，於是就想到了利用銀行、利用貸款。所以從那以後企業的技術改造，甚至是小額投資，完全改由銀行貸款。然後就是「利改稅」。所謂「利改稅」就是希望通過統一的稅率水準改變過去的一種狀態。過去的什麼狀態呢？在過去，企業上繳利潤是根據企業過去兩三年的利潤水準，給企業留下少量自由資金之外，全部上繳。這樣造成了很多問題。想用一個統一的稅率，當時是按照所得稅稅率，以所得稅稅率為主，為百分之五十五。問題是當時的價格水準是扭曲的，徵收所得稅還是沒有完全解決問題。所以就在所得稅之後再徵收調節稅，調節稅從零到百分之四十不等。這樣的話期望能夠固化企業和國家的上繳關係，就是說交足國家的，剩下的就是自己的，這樣可以增加企業積極性。

當一九八四年企業進入全面改革的時候，如果價格沒有理順就想要讓企業平等競爭，顯然是不行的；那反過來說，想通過統一的價格來調整、來理順行不行？顯然做不到。記得當時有幾位理工科的高手，運用了一個很大的模型，當時航天部有一個大的電腦，花了很多錢做了一個巨大的價格模型，計算到上百個行業、上千個企業、上千種產品的價格，其實做不到。其中有幾位著名人士，像今天的中國銀行行長周小川，前財政部副部長都是這個課題組的成員。這是一派意見，就是說我們應該不管三七二十一就是放開價格，一步就開始宣布計畫價格到此結束，企業可以根據情況來談判決定，價格要放開。當時反對聲說，你這麼一放的結果，可能就是全面通貨膨脹的局面，所以行不通。這樣的局面在過了幾年之後果然在另外一個國家出現了。

也就是一九九二年、一九九三年解體後的蘇聯，它就是一步放開價格。它的結果大家看到了，全面通貨膨脹，居民手中的存款幾乎被洗劫一空，同時還帶來了一大堆的問題。從歷史的經驗看，一步放開價格也是不現實的。那麼還有一派意見，要實行調放相容，也就是著名的「雙軌制」。當時企業在生產計畫和物資計畫之外已經有了超計畫的自由買賣的存在。比如我今年有一百的產品是按照計畫購銷的，但是我今年多生產百分之二十，超出的百分之二十的部分我可以自營自銷。自營自銷就是一種市場價格，那麼這種自營自銷就可以慢慢地擴大，自營自銷的定價部分逐步擴大，慢慢覆蓋住計畫價格，讓企業不斷地消化，提高競爭意識，這個就是「雙軌制」。我就是當時提出「雙軌制」的人之一，是和幾個研究生一起提出的。這個意見其後也是受到很多不同意見的反對，認為這是一個不洋不土的跑車，一條腿走計畫，一條腿走市場，不現實。不久之後國務院就發了文件，允許企業逐步擴大自由定價和自由購銷的部分，逐步減少計畫定價。事實說明，「雙軌制」實行了，最後也實現了轉軌。

當然「雙軌制」也帶來了另外的問題，放權讓利也帶來了一些問題。畢竟這個是國有企業，放權了就需要一定的監督管理，當時也提出了一些具體的措施，比如實行黨委領導下的廠長負責制，比如賦予職工代表大會較大的決策權和知情權，但是這樣的權力逐漸被削弱。現在去企業調查一下，就會發現，現在的職工代表大會和過去的老工會沒有什麼本質的區別，最後還是總經理、董事長說了算，這種情況非常普遍，這是其一。其二就是國有企業負盈不負虧的現象仍然存在。儘管當時採取了很多的方法，比如說「利改稅」、放權讓利。後來「利改稅」還是不行，就實行承包制；包盈包虧還是不行，最後就

是這個「雙軌制」的問題。我們應該承認，通過這種形式最後實現了把指令性計劃縮小到一定的程度，實現了由計畫向市場轉軌的時候，同時帶來另外的一個問題就是官商腐敗。而官商腐敗恰恰是一九八九年反對聲中最強烈的一個問題。所以說這個事情給我們的經驗教訓就是在經濟的轉軌中間，或者是在任何一個國家的經濟政策執行過程中間，都可能有正面的效應，也可能有負面的效應。

下面講講第二階段，二十世紀九〇年代。實事求是地說，從一九九〇年到一九九二年這段時間，是經濟體制改革相對低潮的時期。在這個時期，很多想做的事情沒有做成，直到一九九二年鄧小平南方談話之後情況才有了改變。問題在於什麼呢？一九八九年之後想要回到過去的「一元計畫」是不可能的，國有企業負盈不負虧的問題、缺少監督的問題依然存在而且變本加厲。所以到了二十世紀九〇年代，到了十四大，就把國有企業改革的新思路提出來了，就是股份制改革。什麼叫作股份制呢？顧名思義就是在過去單一的國有獨資之外引入多樣化的持股成分，甚至引入私營經濟的成分，也就是引入混合經濟和私營經濟的成分。試圖通過這種所有權的改造來達到：第一，加強企業的預算約束、財務約束，改變「大鍋飯」體制；第二，期望在明確所有權的基礎上，重新構築政府和企業的關係。現在已經做到，通過國有資產管理委員會而不是通過過去的工業主管局，來管理國有資產，也就是說把過去的實物管理改成資產管理。

股份制不用多說大家都明白，應該說股份制的改革是有前提的。什麼前提呢？在一九九二年到一九九五年之間採取了一系列的以國有企業改革為中心的配套措施。一個就是稅改。在此之前企業的稅收是按照隸屬關係來定的，比如說這個企業是哪個地方的企業，那麼所得

稅和其他的稅收，大部分都交給這個地方。這個企業是中央企業的話，那麼它的稅大部分就交到財政部那裡。這樣顯然會加劇分割，加劇地方主義。所以在一九九四年的稅制改革中，第一條就是明確地把各個企業的稅劃歸為中央稅，實行中央和地方共贏的稅制。金融改革不說了。匯率改革也不說了，從二十世紀九〇年代開始人民幣對美元的匯率從五點幾一下子就提高到八點幾。通過這些改革，在二十世紀九〇年代基本上放開了大部分的競爭性行業的計畫行為，價格體系在二十世紀九〇年代初初步形成了。再就是土地改革，一九九二年實現了土地買賣。所以二十世紀九〇年代的這種改革可以說是在二十世紀八〇年代的基礎上全面推進的改革。然後就是勞資改革。在這之前全國是實行統一的八級工資制標準，從二十世紀九〇年代開始的工資改革取消了過去的這些標準，規定企業可以根據企業的效益來自定工資。當然還有人事制度的改革，把過去的固定人事關係改成了合同制的人事關係，當然這樣的改革很艱難，到今天基本上實現了。

二十世紀九〇年代最大的問題，大家都看得見，即國有企業面臨著空前的困境，一方面我們要實現股份制改革、實行產業改革，但是同時國企效益大幅度下滑。特別是一九九七年、一九九八年，虧損面達到了三分之一到一半，虧損額巨大。這個也是當時加快產權改革的一個理論依據。當時非常流行的一種說法就是，國有企業就像是一個冰棒，你放著放著，它就化掉了，不如趕緊「私了」。那麼怎麼私了呢？賣給私人？私營企業又買不起。那麼賣給誰呢？所以後來就出現了越來越廣泛的管理層收購，就是MBO。

我在這裡要說一點就是，國有企業是不是天生的就是效益不好？效益不好的原因究竟在哪裡？首先我要講，我們在一九四二年就有了

國有企業，而大面積虧損是在一九九二年，在這之前的五十年中，國有企業的資金利稅率一直都是不低的，一直都是百分之二十到百分之二十五，當然有些下降但是也沒有下降得那麼厲害。為什麼到了一九九二年以後就會出現這麼顯著的變化？我想可能有幾個原因是不能夠忽視的。當然我承認，它有一個比較僵化的體制和「大鍋飯」體制，使它在總的競爭激勵中可能要比私營企業要差一些，國有企業對企業的破產風險，沒有私營企業的意識那麼強烈。但是這是不是就必然意味著國有企業不行了呢？我覺得還不能這麼快地下結論。

　　我認為有幾個因素：一個就是在二十世紀八○年代的時候國有企業占多數，當時的民營企業很少。但是到了二十世紀九○年代就不是這樣了，大量的私營企業出現，大量的鄉鎮企業也開始轉制變為私營企業，這是其一。其二是從一九九三年以後外商投資猛然增速，在二十世紀八○年代的時候只不過是每年幾十個億，一九九三年就是四百多億。這以後一直是上升的，去年是七百多億。外資從開始的投資沿海加工業，到最後投資於大工業如機械製造、電子工業和礦山等。這裡原來是國有企業的天下，但是外資進來以後不僅在體制上有優勢，而且具有稅收上的優惠。當時國有企業是百分之三十三的所得稅，外商是免二減三，並且還有很多其他的優惠。對外資的這種大規模的優惠，使得國有企業長期地被綁住手腳。其三就是國有企業過去承擔著相當一部分的社會保障職能。另外，我認為還有一個不容忽視的因素，即在二十世紀九○年代面臨著私營企業和外資激烈的競爭之下，整個經濟的領導部門和企業的管理層思想出現了滑坡，上一個撈一回。這不是個別現象。多種因素構成了這樣的一種狀態。

　　我們中間做了幾件事是想挽救這種局面的。一個就是債轉股。債

轉股無非就是想要把國有企業的負擔轉為國家的債務。那國家最後怎麼辦呢？打包賣給私人或外企。最後是外企過來用百分之十的價格買債務，完了到法院去起訴，拿回百分之九十的債權來，最後由老百姓付錢。詳細的過程我就不說了。據我自己的了解，二十世紀九〇年代末是大規模的效益滑坡時期。到了二〇〇五年的時候，國家一方面出了很大一筆資金支持維持不了的企業退出。有幾筆錢，一個是還清債務，債務還不了的要債轉股；一部分錢就給下崗職工，買斷工齡；還有一部分錢是失業保險。當時做了一個試點，在遼寧省試點。據說一個省前前後後就花了幾百個億。就是把這些該破產的企業都破產了。整個東三省，我在二〇〇三年去走了一圈，整個的國企改革到二〇〇五年基本結束，可以說地方的國有企業百分之九十以上都改制完畢。

什麼叫作改制呢？無非就是幾個情況，一個是轉讓給外商，轉讓給私人企業；一個是政策性破產，所謂政策性破產就是國家要出錢的；還有一部分是個人承包了，或者說是MBO。大家都看到各種各樣的檔說要堅持公有制為主體，有人就提出疑問：在數量上都已經是少數了，怎麼能叫作是主體呢？這個問題提得好，值得討論。從行業來看，能源、礦產、鋼鐵、公共服務還是國有制企業占多數；其餘的競爭性領域，像汽車其實在公有制企業占不到主體。在少量的高技術的企業和行業，應該說是外資占有絕對的優勢。我們的國有企業還保留了哪些呢？除了剛才說的一些基礎行業之外，在一些重要的製造業比如說造船、機床、大型設備製造，特別是軍工企業，國有經濟還是占有絕對的優勢。當然除了這些行業之外，其他行業的優勢是不持久的，將來可能會發生變化。總之，除了這些戰略性行業的基礎企業之外，其他的企業都是民營企業或是外資占絕對優勢，形成了各種企

業、各種所有制激烈競爭的一個局面。

根據政府的一些報告檔來看，經濟領域要進一步深化改革。在我看來，涉及的內容就是兩個方面：一個就是壟斷行業的改革，一個就是完善國有資產的監管機制。其他的企業在我看來在所有制方面的改革應該說基本上完成了。關於壟斷行業的改革最近在媒體上，或者說是在我們的經濟學界呼聲很高。說這種壟斷性的行業有多麼的「黑」，我的想法和這種流行的說法稍微有點不同，我也發表過這方面的文章。我們要具體分析，什麼叫作壟斷性的行業。無非就是電力、電信、石油、鐵路和軍工。大家會發現裡面的情況很不一樣。一類的是屬於網路型的，如鐵路、電信、電力。這次雪災大家明白了這個電力網是不能有絲毫差錯的。電信需要有基礎網路。大家知道這些行業都要有基本的技術規範。特別是像電力、鐵路，這些東西都需要有統一的調度。那麼要分的話，怎麼分呢？世界上有沒有這樣的例子呢？有，我查過這方面的資料。歐洲在二十世紀八〇年代實行過電力和鐵路的市場化改革，如英國把全國的一個鐵路網轉讓給私人經營。私人經營的結果是什麼？搞了十來年就搞不下去了。為什麼？老出事故。火車出軌啦，鐵路沒有人修啦。為了節省成本，把福利工資要求高的老技術工人辭退了，換了新的不熟練的工人，讓他們來維修鐵路，這能夠修得好嗎？為了節約成本不惜犧牲安全。所以說像這樣的公益性的壟斷網是不能夠隨隨便便市場化的。這是其一。

其二，像石油、礦山、重要的能源能不能私有化？我覺得這應該根據各國的國情來看。美國是油田私有化。那麼為什麼俄羅斯把私有化後的油田又收回去了呢？因為它對於俄羅斯來說是國家的命，是財政的支柱，是保護全國人民住房、醫療、教育等福利的財政來源。它

給了私人，私人就把這些錢拿走了。對於這種基礎性的行業和產業的處理是不能夠一刀切的。那麼中國怎麼樣呢？中國的情況更加複雜。如果在中國這麼複雜的環境之下讓私人去占有油田，如果是一個貧油的，那還好，如果是一個儲藏量豐富的呢？國家收不收？國家不收的話這些錢就是私人的了。孫中山當時搞三民主義的時候都說了要節制資本。為什麼呢？就是因為中國的基本國情就是人多資源少。人均的資源太少，要為多數人謀福利，不是為少數人謀福利。所以對於這種基礎性的行業，我認為要對它私有化、市場化是要打上問號的。儘管今天對於反壟斷的問題提出了很多想法，但是我們的政府在制定反壟斷的規章制度上還是相當謹慎的。我們承認裡面有很多問題，有很多黑幕，壟斷帶來了腐敗，帶來了很多對於老百姓不利的方面。但更重要的是要加強監管和加強透明化。

　　下面我用點時間把我個人對於國有企業改革的思考說一下，不一定正確，僅供參考。首先要承認國有企業改革是必要的，是必需的，我個人曾經作為這個改革的參與者之一，我認為改變當時的僵化的國有體制，是必要的，是為我們國家帶來活力的必要的一個條件。而且這個改革不是完全照搬西方理論來套我們的經濟，而是做到了從實際出發，從實際情況出發制定這種漸進的、統籌兼顧的政策，然後在過程中間不斷地調整。我想這個操作原則是改革開放三十年以來的一個非常重要的經驗，就是要循序漸進地、不斷地通過試點、試錯來探索。我們做一個橫向的比較，為什麼中國的改革能夠平穩發展，而蘇聯的改革一步到位之後的結果是蘇聯和東歐劇變呢？我想可能中國有一些有利的條件，最關鍵的條件就是，我們進行改革的時候還是一個沒有完全完成工業化的國家，是工業化剛剛起步的一個國家。當時我

們的工業人口不過才百分之二十多一點，另外的百分之七十多還都是農民。有一個巨大的什麼問題呢？是如何讓農民逐步轉移到非農產業。在這種情況下，我們在計畫之外的可用資源還是非常多的。一旦農村經歷了改革，釋放出大量的經濟能量，這些農村的勞動力、資金出來做鄉鎮企業，增加了各種輕工業的供給，增加了服務業的供給，這樣就使得我們的經濟在計畫之外產生了一個完全市場化的成分。這樣的一個經濟成分，第一是增加了經濟活力；第二，剛才已經說了，是通過「雙軌制」使得這種市場因素不斷地滲透到國有經濟內部，使得它能夠循著市場化的道路不斷地走下去。當然還有一個因素，即是開放。我們中國香港是資本主義制度，它是一個窗口，當時起到了引進資金技術和資訊的作用。這個因素我覺得是不可小視的。我想蘇聯之所以會採取一步到位的方式，可能跟他們缺少這種市場化的變數有關。他們這一代人都是在計劃經濟條件下成長起來的。

所以說中國的改革也是有自己特殊的條件的，在特殊的條件下才走出了這樣的一條路。這是一個基本的判斷。十七大報告進一步強調，要提高改革決策的科學性和增強改革措施的協調性。我想這是帶有很強的指示作用的。什麼叫作科學性？什麼叫作協調性？這就是要求我們認真地而不是文過飾非地來思考我們改革過程中曾經有過的失誤和教訓。我想可能有幾個方面。一個就是一九八八年的價格討論。一九八八年工業消費品的價格是一步放開，從家電到很多其他的產品，結果導致了搶購潮。搶購潮的直接結果是導致政府被動，然後發生了人事的變動和社會的一些動亂。到了後來也就是二十世紀九〇年代的時候，很多地方省市規定要求國有企業限期完成改制，這一限期就出現了很多問題。國有企業改革是一個牽扯到資本和牽扯到人的問

題。多少人靠它吃飯？多少人創造的財富和資金怎麼樣才能夠延續下去？結果就是賤賣，逼著地方政府賤賣，搞錢權交易，甚至是賤賣給外資企業。有人甚至到今天都還把大企業賤賣給外資企業，引進一些所謂的戰略投資者，作為所謂的改革的路徑，我認為這是根本錯誤的。為什麼這麼說？首先我們要明白，我們不是為了改革而改革的。改革為了什麼？鄧小平早就說了，三個有利於：有利於生產力的發展，有利於國力的增強，有利於人民生活水準的提高。我們不能夠片面地就只講一條不講兩條，只講一條提高企業效益，其他的不講，那是不行的。

我認為在這個過程中間出現了幾個問題。首先是改革與穩定。我們講以人為本，但是實際上在改革的過程中並沒有完全做到以人為本，我看很多情況下是以資本為本，以權力為本。這些貪汙腐敗的現象很多，而且這種行業直接的化公為私，引起了強烈的社會反抗。我們搞這些改革不能對群眾的聲音充耳不聞。有人曾經認為搞點腐敗不要緊，沒有腐敗就沒有潤滑，就不能破除計畫體制。我認為這個是錯誤的。今天看來就算是潤滑了，那也是腐蝕性的。腐蝕了什麼？腐蝕了執政黨、腐蝕了政府的道德水準、腐蝕了人民群眾對政府的信賴，破壞了這個社會的凝聚力，進一步導致社會的分散。這個問題是一個社會問題也是一個政治問題。這是其一。

其二就是和改革有關的討論。什麼樣的行業對於國家來說是關鍵的、命脈性的、戰略性的？什麼樣的東西是可以放開的？為什麼要放開？有些人從來不問一句話，就是簡單地說國有企業效益不好，效益不高，所以它要私有化。這是一種簡單化的處理。

我覺得這種簡單化的處理很可能是把一種意識形態、一種私有化

的意識形態貫徹到國家經濟生活中去。這是不對的。為什麼呢？因為它是有三個不利於的。今天的中國還是一個發展中國家，我們的工業很多處於競爭力低端的行業，我們的經濟還在初級階段，在和國際大資本競爭的時候，我們應該說還是處於下風的。所以要想讓我們的國家儘早趕上發達國家的話，僅僅靠低成本是不行的，必須要有國家的產業政策的支撐。什麼叫作產業政策？就是國家動用政府的力量對重點行業和重點產業進行有限的支持和保護。沒有這樣的支持和保護，它可能會被外資擠垮，使得我們國家在這些方面的戰略利益受到損失，這是第一。第二就是我們國家最近一直在強調要有科學發展觀，要搞自主創新，要建設創新型國家。什麼叫作創新型國家？就是我們的企業、我們的科研機構，要逐步在競爭中形成一定的能力，形成和發達國家進行競爭的一種能力。我們的汽車到今天為止百分之八十都是外資的品牌，我們的加工機械很大一塊都要依賴外資。這不僅會給我們工業的競爭力、工業的利潤帶來損失，而且有一個特別大的問題就是經濟安全問題。因為這些所謂的電子、高技術工業實際上是國家國防的產業基礎。小國可以沒有這些東西，但是我們是一個大國，而且我們是一個日益崛起的大國，如果在這些行業失去了我們自主創新的能力的話，那我們的很多戰略目標就會落空。所以有些同仁說無所謂，今天是一個全球化的世界，民族國家的概念已經過時了，民族主義已經過時了，甚至有人把民族主義看成是和納粹主義相提並論的，我認為這些都是錯誤的。我們前面搞了五十年的革命，後面搞了五十年的建設，為什麼？就是為了讓我們國家的全體人民能夠過上有尊嚴的、富裕的生活。我們的骨幹工業是不能喪失的。骨幹工業在今天都是國有制企業，是不能不占據主體地位的。正因為如此，所以說不能

對國有經濟不分青紅皂白地進行私有化。

其三就是關於管理的問題。現在很多人把體制問題放在一個非常高的位置。這個我認為是對的，但是一個企業的競爭力最終體現在哪裡呢？體現在管理層，體現在廣大的職工是否能夠形成一個有機的整體。也就是說是一個企業的管理問題。企業的管理水準決定了企業的競爭力。一個好的體制如果被一個很糟糕的管理團隊所控制的話，那麼它也很難搞好。相反，我發現在一些經濟比較落後的地區，在一些計劃經濟體制觀念還比較濃厚的地區，如果有那麼一個好的領導班子，那麼這個國有企業也會蒸蒸日上，而且是不斷地創新，不斷地推出新產品。我們認為在僵化的體制中，如果有一個好的團隊也會創造出很好的業績。看來市場經濟、市場化不是唯一的提高競爭力的途徑，管理水準也是一個應該考慮的問題。這就是說，要把國有企業管理好，重要的在於企業的主管部門，也就是我們的國資委、我們的組織部門，如何與時俱進地把我們的領導班子選好。

最後我想再講一點我的想法。可能今天大家還在懷疑國有企業是不是能夠搞好。我們剛才說了很多，國有企業不是能不能搞好的問題，是必須要搞好的問題。為什麼呢？在某些戰略性的行業中還需要國家實行某種控制，國有企業的控制力還需要體現在一些關鍵性的行業中。剛才說要想搞好，要高度重視管理的問題，要高度重視人的問題。而人的問題最重要的是教養問題，要把思想道德建設抓起來。過去在經濟學中有一種論調說，人天生就是自私的，就是說如果不把產權給他，他就做不好。但是我們想一想，在今天這樣的經濟條件下，怎麼可以把一個大工廠全部交給一個人？它必然是所有權和經營權是要分開的，也就是說管理問題是一個普遍存在的問題。而管理問題是

不能僅僅依靠制度來搞好的，一定是制度的約束和道德的規範兩者相結合的。如果沒有道德水準，沒有敬業精神，僅僅靠制度來管理是不行的。所以我認為在經濟理論上、在國企改革的理論上，必須糾正過去那種認為只有私有化才有積極性的論調。這種觀點是錯誤的，我們應該更加強調敬業精神，更加強調當代管理的新的理論和新的趨勢，要培養新一代的德才兼備的領導團隊，這是其一。

其二就是關於改革的問題。過去我們有一種論調認為腐敗有理、國有資產流失有理，我認為應該旗幟鮮明地批駁這種論調。我們在過去三十年的改革中是摸著石頭過河的，但是摸著石頭過河不是說我們要蒙著眼睛瞎闖，而是要認真地以國家的利益、以全體人民的利益作為前提的，是要通過不斷地研究和實驗、試錯，去找到合理的路徑，而不是瞎搞。有的人是蒙著眼睛，摸來摸去然後編出一個思路，這樣無非就是編出一個全盤私有化的理論。我反復強調我們在今天的經濟體系中已經是三分天下了，國有企業已經是三分之一了，這三分之一都是那些關鍵性的、命脈性的行業，再按照過去的那種賤賣或者是引起戰略投資者的方式來進行私有化是不行的，必須要找出一種新的路徑、新的思路。在二〇〇四年、二〇〇五年，人們對於改革中出現的MBO有很多批評，也有很多人支持，說改革中出現的問題要在改革中解決。什麼叫作通過改革來解決？比如說我們目前已經MBO了，那就繼續按照MBO來搞。我覺得現在還是要實事求是地研究現實的問題，拿出一些現實的辦法，不要去喊一些空的口號。我覺得改革是一個很嚴肅的問題，它是一個經濟問題，不是一個政治問題，我們說改革的方向不可否定，但是不要把它當作政治來對待，我們還是應該把它作為一個具體的途徑和方法來對待。那麼我們的方向是什麼呢？

就是我們要堅定地實行社會主義的經濟體制而不是全盤私有化。我覺得如果背離這個方向的話，至少是背離我們國家的利益的，也是不符合全國人民的利益的。

2008年於華中科技大學演講

歐陽來祿根據錄音整理

文化與思潮

關於文化戰略的幾點思考

彭　林　清華大學歷史系教授

　　各位老師各位同學，我是第一次到華中科技大學。我這次來，帶著一種朝聖般的感情，因為貴校的老校長——楊叔子院士是內地最早提倡文化素質教育的人。清華跟華中科技大學很相像，都是以理工科為主的大學，華中科技大學是我們心中的一個標杆。今天，我想給大家講講，關於文化戰略的幾點思考。改革開放之後，我們國家有外交戰略、政治戰略、經濟戰略等，但在文化方面，我們似乎沒有形成一種戰略思維，由於缺少這個思維，我們對文化的認識始終不到位。現在，全國各地都在說，「文化搭臺，經濟唱戲」，舉辦南瓜文化節，西瓜文化節，等等，難道這就是中國文化嗎？我們有必要來反思關於文化的東西。文化對我們而言，它的重要性何在？下面跟大家交流一下我不太成熟的想法。

　　首先，我們要有一個認識，即文化對於民族來講，是存亡之根。這樣講大家可能覺得接受不了。在地球上，到現在為止，所有文化都是民族文化，我們現在沒有看到一種超越民族的文化。世界上民族的多樣性決定了文化的多樣性，每一個民族的文化，都是有長有短的，有它的特色，也有它的盲點。到現在為止，沒有一種文化是完美無缺的，因此文化的多樣性，正好實現文化的互補。當今世界的政治格局是多元的，政治如果是一元的，人類將會出現悲劇。現在，美國想把

政治搞成一元的，誰不聽他的話，他就要對誰施壓。越來越多的人意識到，多元的政治格局，才是世界安全的保障。而文化更應該是多元的，才能實現互補，不同的文化需要在學習交流中，得到豐富，得到完善。這應該是和政治的多元化相匹配的，任何一個國家想在文化和政治上謀求霸權，都是不可取的。

我們首先來講講什麼是民族。目前學術界還沒有提出一個為全世界學者所認同的概念。我在這裡給大家提出的概念，是中國學者多年以來比較認同的說法。所謂民族，就是在歷史上形成具有共同地域、共同語言、共同經濟生活，表現於共同文化、共同心理素質的穩定的共同體。

什麼是文化呢？據說，現在關於「什麼是文化」這個問題，學術界有二百多個定義，沒有一個人能夠用一句話來概括。問題很簡單，因為文化是無所不包的，凡是人類創造的一切都是文化。一個東西怎麼吃這叫作文化嗎？不是。因為動物每天也都面臨一個吃什麼的問題。一個東西怎麼弄出色香味來，這是人類特有的，這才叫文化。現在有寵物文化，我對此很奇怪：寵物怎麼會有文化？文化是人所特有的現象，如果我們一定要把文化做一個分類，可以分為三類。一是物質文化。人類一定要依賴於物質才能生存。物質是一個物化的文化。一個物質，裡面凝聚著製造者的審美情趣，他對藝術鑒賞的能力及當時社會的時尚。我現在在清華開一門課，我發現，開這類課的學校基本上都是在教思想文化。而人類文化首先要基於物質文化才能生存，我這個人不太喜歡湊熱鬧，我就開了一門大家不開的課，從物質的角度講文化。

另一個就是大家很熟悉的思想文化。人和動物不一樣，人不是吃

飽了就睡，睡夠了就吃的。其實，人在飢餓的狀態下也有精神家園。還有一個就是介於兩者之間的，既不是物質也不是精神的，或者說既是物質也是精神的，即制度文化。大到一個國家，小到一個企業，都是有制度的。制度文化也是人類特有的。

　　文化是與各民族相關的，一定的民族在一定的地域裡面創造了自己特有的文化。民族和民族之所以不同，是因為文化不同。文化是民族內部彼此認定的核心。我們在雲南的街上可以區分出彝族、傈僳族、苗族等，他們為什麼不同呢？他們穿的衣服不同，過的節日不同，飲食方式不同，居住形態不同，這一切都是民族文化不同的具體展現。所以，民族文化回答了你是誰的問題。如果我們到歐洲去，外國人看到我們是黑頭髮黃皮膚，還以為我們是日本人，或者問，你是高麗人嗎？我們會回答，都不是，我是中國人。為什麼我們都是黑頭髮黃皮膚，但我們不是高麗人，也不是日本人？因為我們認同的是中國文化。我們為什麼說臺灣地區是中國的一部分？因為臺灣人和我們的文化是相同的。由此可見，文化對一個民族來講，非常重要。現在世界上分成幾大人種，有非洲人種、歐洲人種、亞洲人種。大家知道，我們人類有將近三百萬年的歷史，這個是怎麼知道的？考古學家在東非肯亞發現了一件遠古人類的頭骨，編號為1470。1470號頭骨的年代，距今約三百萬年。人類社會在發軔階段，起步相當緩慢，直到距今約四萬年時，人類依然生活在舊石器時代。但在新舊石器時代交替的這個時候，人類分化為三大人種：尼格羅人種，就是通常說的黑色人種；歐羅巴人種，就是白色人種；蒙古利亞人種，就是我們黃色人種。三大人種是為了適應不同的地理環境而形成的，例如黑色人種生活在赤道的兩側，這裡紫外線直射，普通的皮膚受不了，於是當地

居民的皮膚裡慢慢產生一種黑蛋白，使得他們能夠抵禦紫外線的強射；此外，這裡終年高溫多雨，天氣悶熱，所以黑種人的鼻孔比較大，而且稍微朝上，這樣有利於把體內的熱氣排出來；另外，黑色人種的頭髮是捲曲的，使得頭髮之間形成許多空隙，有利於散發頭部熱量。白色人種生活的地方比較寒冷，最怕體內的熱量散發出去，所以他們的鼻孔比較小，而且有點鷹鉤狀，這樣不容易感冒。而黃色人種生活的地方自古多沙塵暴，所以一般人都是單眼皮，風沙一來，閉眼較快。在我們黃種人裡，雙眼皮屬於「稀有品種」，當然，人工做出來的雙眼皮不算。在三大人種的基礎上，再往前走一步就是民族。不同民族有不同的生活，生活環境不同加上傳統不同，形成的思維定式也不同，文化也就不同。中華文明是世界歷史上幾大原生文明基地之一。原生文明的最大特點，就是該文明在它發生發展過程中幾乎沒有，或很少受到周邊文明的影響。世界歷史上的幾大原生文明包括埃及、印度、巴比倫、中國四大文明，或再加上愛琴海文明、瑪雅文明。世界上大多數的文明都屬於次生文明，在它發生和形成中受到周邊文明的強烈影響，如朝鮮、日本、越南。有的影響之強，以至於如果把中華文明從他們的文明中剔除，那他們自己的文明就所剩無幾了。韓國人的語言中百分之八十都是漢字詞語，只是它的發音仍沿襲唐朝的傳統影響。漢字是一個海綿，吸收外國文化，就會造就中國文化。現在四大文明中有三大古文明已經消失，今天的埃及人、伊拉克人的文化與古代文明是無關的，它們是以外來文明為基礎發展的。只有中國傳承五千年的文明沒有中斷。中華文明在發展中經歷了許多次災難，有好多次幾乎是滅頂之災。但每到關鍵時刻就有知識精英站出來，大聲呼籲捍衛自己的本位文化。

大家看看自己身上還有多少中國文化，在場大部分人的衣物都是翻領的，這其實就不是中國文化，直領才是中國傳統。文化丟失，彼此之間不認同，這個民族就是一盤散沙，甚至開始走上消亡的道路。二十世紀六〇年代中蘇友好，俄語與英語並重，我所在的年級有六個班，三個班學英文，三個班學俄文，我被分在俄文班。第一堂課，老師在黑板上用俄文寫「中國」這個詞：Китай，然後領著大家讀。我當時讀著就想笑，這是什麼意思？隔壁班上學英文的，中國的讀音是China，意思是瓷器，因為這個國家的瓷器做得太好了，歐洲的貴族家庭都渴望在餐廳裡擺上一套，以至於把這個國家叫作「瓷器之國」。而俄羅斯人這麼稱呼中國是什麼意思？當時沒人能回答我，我很鬱悶，它整整折磨了我一二十年，始終不得其解。後來，我進了大學，讀的書多了，才知道「Китай」是「契丹」的音譯。大家知道，我們歷史上有一個宋、元、金、遼時代，其中的遼，就是契丹人建立起來的。契丹人有自己的政權、自己的文字、自己的獨特文化。契丹橫亙在黃河流域諸民族和俄羅斯民族中間，當時交通不便，彼此了解很少，俄羅斯以為遼以南的地區都是契丹民族，所以就用契丹來統稱中國。這裡我想問一句：在座的同學有契丹族嗎？沒有，因為今天我們五十六個民族裡沒有契丹族。這個民族怎麼就不見了呢？無非有這樣幾種可能。一是發生過一場種族屠殺的戰爭，把他們斬盡殺絕了。大家知道，契丹政府軍力強大，宋朝軍隊常常不敵它的兵鋒，周圍沒有國家有能力把他們斬盡殺絕。另一種可能是，有一場可怕的傳染病，讓契丹人都死光了，例如黑死病之類。如果那樣的話，得有一個前提：這種病毒是智慧型的，見到契丹人就傳染，別人都不傳染，所以才那麼準確，一個不落地消滅了。大家知道，這樣的病毒

根本不存在。那麼，到底是什麼原因讓契丹民族消失了呢？其實，是他們自己親手把自己幹掉了！契丹人在與周邊民族相處的過程中，他們不注意保存自己民族固有的本位文化，而是處處羨慕別人的文化，處心積慮地仿效別人的文化。這種學習，不是為了豐富和完善自己，而是置換自己的文化，所以學一點就等於是扔一點，久而久之，把民族內部彼此認同的東西扔光了，失去了凝聚人心的核心，慢慢地也就消亡了。我說的是「消亡」，而不是「死亡」。死亡是在一個瞬間，時間很短促。消亡是一個過程，好比一個人血管破了，血不斷地流，當時並不會死，等全身的血流失殆盡了，生命才會結束。我們說契丹人消亡了，是說作為文化意義上的一個種族，他們已經永遠地消失了，其實他們的子孫就在我們這十三億人口當中，還在這九百六十萬平方公里的土地上生活著。如果哪位想了解自己身上是否有契丹血統，我可以幫助你。我們可以先挖一座契丹人的墓葬，從屍體裡提取一個契丹人的細胞，再從你身上抽一點血，然後做一個DNA的比對，那麼，我或許可以榮幸地通知閣下：你有契丹血統！

一個民族只要文化還在就還有復國的希望，但文化一旦被顛覆，就沒有希望了。以清朝為例，現在網上對明朝、清朝談論得很熱鬧。當時清軍入關時面臨一個問題，就是對於幅員遼闊、人口眾多、文化積澱深厚的漢民族該怎麼辦。一開始他們對待文化不認同者就用簡單殘暴的殺虐政策。後面開始用剃頭留辮的方法來實現民族認同，當時還有一套「剃髮令」：「留頭不留髮，留髮不留頭。」清軍南下，遇到的最頑強的抵抗在哪裡？在蘇南。為什麼？因為這裡的文化最發達。南方知識分子捍衛自己固有文化的方式有這麼幾種：一是上吊，以死相抗，也不能丟棄自己的文化。在蘇南許多村子的大樹上，沒有

一個樹杈上是沒有吊死的屍體的，表達了知識分子慷慨赴死的氣節；二是把頭剃光了，到山裡面做和尚，因為這世道不能待了；還有一種方式是武力抵抗，最有名的是「揚州十日」、「嘉定三屠」。後來清朝統治者察覺這種方法的錯誤，開始試著讀漢民族的書，他們讀的書甚至比漢族皇帝讀的還要多，他們終於知道，若不能了解這個民族的文化，江山就不能坐穩。當時，有一位非常著名的學者叫顧炎武，他有一本書，叫《日知錄》，其中有非常著名的八個字：「天下興亡，匹夫有責。」顧炎武說，兩千多年來的改朝換代可以歸納為兩種情況：

　　一種情況是皇帝換了，姓張的皇帝被姓李的推翻，張家的政權滅亡，小朝廷被李家替代，但整個社會的文化沒有變，這叫「亡國」。亡國的責任誰來負？「肉食者」來負。肉食者是指拿著朝廷的俸祿，經常食肉的官員，國家滅亡了，他們是要負責任的。還有一種情況是，不僅皇帝換了，文化也被異質文化置換，作為文化上的一個種族被消滅，這是亡國且滅種，叫作「亡天下」。亡國滅種的責任誰來負？顧炎武認為，匹夫匹婦都有責任。匹夫匹婦是指最普通的男女，當民族到了「危急存亡」之秋的時候，無論你是誰，只要是這個民族的一分子，就都有責任站出來捍衛它。抗日戰爭時期有一句話：「同學們站起來擔負起民族的興亡。」當時，日本採用了「要亡其國滅其史」的政策，被日本人占領的區域內都不允許教授漢語，學生要學習日語，學習日本的歷史。後來由於像顧炎武這樣的知識分子的呼籲，全國人民都回應起來，我們的文化才得以保存。在歷史上，像契丹這樣的民族有很多，為什麼它們滅了而我們沒有被滅，最根本的原因就是我們有文化作為支撐。

　　清朝被推翻後，文化存亡的問題依然沒有被解決。我們可以看看

近代以來的文化支撐。中國人民大學國學院成立三周年時，社會上關於是否需要國學院一直存在爭論。這個問題其實早就解決了，為什麼一直有人跳出來「惹是生非」？首先，我們來說說「國學」這個詞，我在《環球時報》上看過一篇文章，有些人質疑為什麼美國、法國都沒有國學，中國要有國學。一八四〇年鴉片戰爭後，西方列強入侵。這時出現一個問題：中國的固有文化還要不要？西方進來的叫「西學」，自有的本國文化加以強調稱為「國學」。美國沒有這樣的歷史經歷，所以也就沒有「國學」一說，而我們是因為大量西方文化湧入，一批有識之士開始探討中國文化該不該要，才有了「國學」一詞。我們的畫叫國畫，我們的京劇和話劇叫國劇，我們的語言叫國語（即普通話），我們的醫學叫中醫……這些詞彙都是為了區別於西方文化而出現的。那麼，我們到底是用西方文化來全面替代我們自己的文化，還是我們要把自己的文化之根保住，圖謀將來的發展呢？八國列強入侵中國，我曾打過一個比方：就像是八個強盜圍住一個書生，把他打得遍體鱗傷，尤其惡毒的是把他的眼睛打瞎了；書生站起來之後，不知道該怎麼走，所以八個強盜就把一根繩子遞給了書生，這根繩子上面寫著四個字「西方文化」；強盜們說，你跟我們走，你就能看到光明；於是，我們有些知識分子真要去接這根繩子，下定決心跟他們走。這其中最激進的知識分子是胡適，他留學歸來之後，感覺中國什麼都不行。他說出了一句當時最著名的話：「月亮都是美國的圓。」他認為，我們固有的文化實在平凡，我們擁有的，歐洲也都有，而且人家都比我們強。他認為中國文化是不好的文化，中國要想走向世界，就要把中國文化連根剷除。甚至他對漢字都深惡痛絕，說「漢字不廢，中國必亡」。還有一些人，我們這些年為尊者諱，不太

提到他們的名字。他們給教育部打報告，要求所有學校取消漢字漢語教學，所有中國人進入學校都要讀英文或法文，所有書籍都要是外國的。日本侵略者、英美侵略者他們想做也做不到的事情，我們一部分中國人在幫他們做到。這些人下決心走全盤西化的道路，要把民族毀掉。一百多年來，我們不是全盤西化，就是全盤蘇化，我們自己的本位文化始終停滯不前。

當時，也有一些不一樣的聲音。大家知道，清華是庚子賠款之後，西方列強為培養親英美派的學生而建立起來的。當時的知識分子進入這所學校是非常鬱悶的。學校和圓明園只相隔一條路，一進學校就看到火燒圓明園之後的廢墟，學校到處都是空教室。學校規定，完全沿用美國教學制度，用英文教學、交流，這就引起一些清華有識之士的憂慮。外國人一到清華來看，就覺得不對頭了。當時有一位著名哲學家──羅素，他說清華恰像一個由美國移植到中國的大學校。當時學校報紙上很多人發表評論，說清華學生「未出而洋」、「非中非西」。當時有些師生意識到，科學技術可以從西方引進，但民族精神不行，中華民族要自強自立，一定要靠民族精神的引領，全盤西化只能成為附庸，沒有獨立。而胡適提倡白話文，導致我們現在的文字水準是最差的時候。一九二五年開始，要把學校轉換成國立清華大學，設立學部和研究院。當時的校長曹雲祥在開學典禮上提到：「現在中國所謂的新教育，大都抄襲歐美各國之教育。欲謀自動，必須本中國文化之精神，悉心研究。」當時學校想辦國學研究院，跟現在一些學校辦文學院、商學院、法學院之類的好大喜功之舉是不同的。清華當時辦國學院，就確定了要本中國文化之精神，而中國文化之精神就在中國文化經典中，所以清華聘請資深教授──梁啟超、王國維、陳寅

恪、趙元任擔任四大導師。現在,清華的校訓是「自強不息,厚德載物」,這要追溯到一九一四年,梁啟超先生應清華學生會之邀,做了題為《君子》的著名講演。中國人為什麼要辦清華,是為中國培養德才兼備的人才,中國人稱這樣的人才為「君子」。君子必須是自強不息的,如初升的太陽,永不停息,這種動力來源於自身。君子也要像大地那樣能夠厚德載物。我們要培養的君子將來步入社會,要能夠擔起大任,挽狂瀾於既倒,那麼清華對於社會的貢獻就體現出來了。

在江蘇無錫有個國學專修館,其校長也是復旦第一任校長——唐文治。他的父親是清代的一位貢生,所以有家學淵源。唐文治先生年少得志,一直在商業和外交部門擔任要職。他在政治上非常新派,不守舊。甲午戰爭時期,他是主戰派,也是中國最早制定商辦鐵路的人;辛亥革命時期,他在上海捐籌軍餉;五四運動時期,他積極站在學生一邊。這個人對西方非常了解,對西方的政治、教育都有系統的考察。他從西方回國後在上海辦了高等實驗學堂,就是上海交大的前身。他既學習西方,又保留自己的文化之根。他創辦的國文研究會讓大家不要忘記自己是中國人。一九二〇年,他到無錫國專當館長,後來這所學校一直維繫到一九五二年院系調整,才被合併到蘇州大學。三十年間,這所學校培養了許多著名學者:唐蘭,故宮博物院副院長,著名的古文字學家,蔣天樞、馮其庸,都是學界中德高望重的學者。一九三一年,國際上派人來考察,看到無錫國專後非常感慨:太多中國學校受到國外的深入影響,只有在這裡我們看到了線裝書、毛筆桿,希望這所繼承中國文化的學校能夠發揚光大。

這兩座學校,一個是留美預備學校,想要復興國學,一個是無錫國專,其校長對國外文化都非常熟悉。兩所學校都不是守舊派辦的學

校，其校領導都是對西方文化有深入了解的人。在那個時代，這兩所學校的文化追求是很類似的。

國學關係到國性，一個民族的文化個性。清華校長在一篇《清華學校之過去、現在和將來》的文章中說，離開民族經典，國性無從談起。一九一四年，梁啟超先生說清華學生在研究西學之外，應當研究國學，「國學為立國之本」。楊振寧先生的父親是原清華數學系的教授，楊先生出國前，他父親想趁暑假找一位老師來給楊振寧補課，就給他找了一位老師補《孟子》，楊先生的國學素養就得益於父親的教育和引導。在清華九十周年校慶的講座上，楊先生提到：歐洲有位學者發明了一個定律，我想只有明朝一位詩人的兩句詩能來形容，大概很多中文系的學生都不一定知道。他在外國待的時間越久，就越想回來。早期派出的留學生都是十二、三歲的小孩子，後來覺得很不好。這些高中課程，我們能開設，為什麼還要把孩子送出去呢？國家這麼困難，我們應把學生培養到研究生時再送出去；另外，孩子太小，他們的世界觀正在形成，如果接受的全是西方文化，最容易喪失國性。現在的一些父母非常苦惱：辛辛苦苦把孩子送出去，結果孩子回來之後，跟父母坐在一起沒話講。所以那個時候，清華之所以要成立本科，就是要保住我們學生的國性。章太炎在全國許多地方講國學，常提到「國之有史久遠，則滅亡之，難」，這是提醒中國人不要忘記我們的歷史傳統。在春秋時期，中國人的歷史意識就已非常強烈。章太炎提倡國學是為了在國難當頭之時，砥礪中國人的氣節。他當時特別提倡《禮記》中的一篇：《儒行》。《儒行》講儒家的十五種行為，強調氣節、剛毅。我們今天學國學，要為國家的存亡而奮鬥。像嚴復講「經書不能不讀」，我們讀經要講人格、講國性，這才是中國人。一

個人讀他本民族的經典是天經地義的，因為經典是本民族文化的最高形態。

請善待我們的古文化！民族文化的自滅行動一直到今天都沒有結束。深圳有個「錦繡中華」，北京有個「中華民族園」，裡面都沒有漢族。怎麼能叫民族園？怎麼叫「錦繡中華」？我在深圳到處講，如果要想表現漢文化，首先要建房子。我今年一月分在巴黎待了一個月，感覺非常傷感，因為巴黎街區全是十六到十八世紀的建築。而我們的北京，現在不知道該讓外國人看什麼。有位建築師曾感慨，現在，美國是文明古國還是中國是文明古國呢？為什麼中國是文明古國卻沒有老房子呢？而不是文明古國的美國為什麼到處都是老房子呢？這就好比外婆在去世前給我們很多好東西，但我們不知道珍惜，等我們老了之後才開始後悔。上海原來是半殖民地，建築都是外國式的，這其實是一種恥辱。

其次，是穿什麼樣的服裝。中華五千年文明，號稱「衣冠文物」。當年辛亥革命勝利後，大家不再穿旗袍了，可是四萬萬五千萬同胞不能沒有文化表徵啊。於是，孫中山先生設計了一種服裝，正面有四個口袋，象徵國之四維：禮、義、廉、恥；中間一排五個扣子，象徵五族共和；袖口有三粒扣子，象徵三民主義，等等。孫中山盡可能地賦予它文化內涵，人稱「中山裝」。可是，近幾十年當中，「中山裝」幾乎看不到了，大家都在穿西裝。我不止一次接到這樣的會議通知，要求穿「正裝」出席。我打電話問會務組，請問什麼是「正裝」？他們說，就是西裝啊。西服，成了中華民族的正裝，豈不是說我們傳統的服裝是邪裝？真是令人莫名其妙！此外，我們從電視新聞中看到，國民黨主席連戰到南京中山陵拜謁時，雙手捧著花圈，九十

度鞠躬，卻穿著西服，我想，如果中山先生九泉有知，一定會問：「這人是誰啊？」有人告訴他：「這是國民黨的第五代傳人。」中山先生聽了會生氣道：「怎麼連我的衣缽也不傳了？」我想，任何人都可以不穿中山裝，而連戰、馬英九不穿不行，因為他們是中山先生的衣缽傳人。有人會說，現在都富裕了，得跟國際接軌。這話沒道理。因為國際上並沒有統一的服裝，也沒有富裕了就得穿西裝的規定。阿拉伯人的富裕程度遠遠超過我們，但他們依然在穿民族服裝，誰也不覺得他們丟人；印度總理辛格頭上總是纏繞著一個布圈，那是印度民族的服飾，他無論走到哪裡都戴著，事實上是在展示印度文化。這幾年，想穿民族服裝的人越來越多，但不知正式的民族服裝到底是哪一種，而且，可以買到民族服裝的商店也很少。

現在，開始過耶誕節、愚人節、情人節。有一次，我在北京一所學校兼一個學期的課，有一天，一位學生跑來跟我請假，說團支部有平安夜的活動。我說，平安夜關你什麼事，那是宗教節日。不僅如此，現在，我們連說話也不會了。若英語四六級考不過，就不能畢業，可是漢語再差也沒事。看看學校BBS上充斥的那些都是小痞子語言：「MM」、「稀飯」，打手機不停地說「OK」、「拜拜」。現在說話全是這樣。我們的人生禮儀，包括結婚基本上都西化了。中國人結婚喜歡紅色，而現在都改成披白紗了。怪不得現在說婚姻是愛情的墳墓，現在離婚率已經超過結婚率，原來第一天就開始有準備了。現在，我們的結婚儀式是西方的，過的是耶誕節等西方節日。令人唏噓！

近代以來，文化自戕所造成的文化流失已經到了觸目驚心的地步。大家反觀自己身上還有多少中國文化？有一年，我們在蘇州開一

個現代文化與傳統文化的學術討論會，會後我感慨，「無科技不足以強國，無文化則足以亡種」。我們傳統文化的流失現在是在加速度，一座新城崛起就是古老文化的毀滅。我的家鄉是無錫，現在已經面目全非了，以前舉步是橋，出門是河，現在什麼都沒有了。中國文化這麼流失下去，怎經得住從春流到夏，從夏流到秋？會不會有流失殆盡的一天？這很難說。缺乏文化自覺只能導致自取滅亡，而我們正在執行文化上的自我之滅。一八四○年鴉片戰爭以來，西方列強千方百計試圖從政治上、經濟上對我們進行殖民，但始終沒能在文化上進行殖民。然而，如今我們自己正在將列強的希望變成現實，以至於香港報紙評論我們：快要成為沒有根的民族。這並不是危言聳聽。我每學期在清華開課的第一天，都要對所有同學講一段話，即錢穆先生在《國史大綱》扉頁上寫的話：

凡讀本書，請先具下列諸信念。

第一，當信任何一國之國民，尤其是自稱知識在水準線以上之國民，對其本國以往歷史應該略有所知。

在座各位知識都是在水準線之上，你們對本國的歷史是否是略有所知呢？他說否則最多只算一有知識的人，不能算有知識的國民。

第二，所謂對其本國以往歷史略有所知者，必附屬隨一種對其本國以往歷史之溫情與敬意。

既然是母文化，就要對其有溫情和敬意，這是祖祖輩輩祖先們留下的東西，當然我們要與時俱進，但是對這些東西我們必須心存敬意。否則後之視今猶今之視古，兩千年之後的人看我們就像我們看兩千年前的人一樣。

第三，所謂對其本國以往歷史有一種溫情與敬意者，至少不能對

其本國以往之歷史抱有一種偏激的虛無主義。（即視本國以往歷史無一點有價值，亦無一處使他滿意。）

現在有的人進行的自我批判實際上似是而非。難道說，我們在一八四〇年以後遭受挨打，就是孔子的錯嗎？那同樣被殖民的印度呢？伊斯蘭國家呢？又該如何解釋？德國古典哲學名家輩出，然而後來德國走上了軍國主義道路，但沒有一個德國人說這個責任要康德來負，這難道不是一樣的道理嗎？我們現在總以為自己站在歷史的制高點，這是一種非常淺薄的觀點。全國那麼多哲學系，誰能複製《老子》？雖然只有五千字，但是到現在我們還是無法透徹研究。現在誰還能寫得出《史記》、《孫子兵法》這樣的著作？西元前六世紀印度造就了釋迦牟尼，中國出現了孔子及諸子百家，西方湧現了蘇格拉底和柏拉圖，而現在卻沒有這樣的文化偉人出現。西方人把這一時期稱為「軸心時代」。現在西方科學這麼發達，他們還是非常謙虛地說，要回到軸心時代尋找智慧。

第四，當信每一國家必待其國民具備上列諸條件者比數漸多，其國家乃再有向前發展之希望。

中華民族的騰飛必須要有一大批這樣的人，否則「其所改進，等於一個被征服國或次殖民地之改進，對其國家自身不發生關係。換言之，此種改進，無異是一種變相的文化征服，乃其文化自身之萎縮與消滅，並非其文化自身之轉變與發皇」。

西方人研究中國文化發現，中國人在改朝換代的時候一定要改曆換朔，但在明朝之後，中國曆法式微。後來，有些西方人發現，中國的天文學是打擊中國民族自尊心的利器，所以馬上給羅馬教皇寫信，希望多派一些懂天文的傳教士來，多帶一些天文儀器。當時，這叫學

術傳教，讓清朝十分震驚。這就是以一種文化傳教方式來融入東方。前兩年，美國前總統雷根去世的消息受到舉世關注，就是因為這位總統不費一槍一彈把蘇聯瓦解了，而他採用的正是文化戰略。一位蘇聯作家寫過一本書——《你到底要什麼》，這本書的背景是二十世紀六十年代，美蘇兩大國正在文化上進行較量。二戰後，形成社會主義陣營和資本主義陣營，二十世紀六十年代美蘇會談後，決定嘗試東西方互相進行文化交流，各自到對方那裡辦一個展覽，蘇聯到美國辦了一個宇航技術展覽，而美國人很聰明，到莫斯科辦了一個廚房展覽，反響熱烈，此後，美國逐漸對蘇聯進行文化侵蝕。後來一位記者寫過一篇文章《蘇聯是社會主義國家嗎》，反映蘇聯人的文化認同是美國文化。法國的電影和文化都是非常優秀的，法國人認為法蘭西文化是最了不起的，但在美國電影大量湧入法國之後，發生了「陶罐撞鐵罐」的情況。法國的電影市場被美國電影市場衝擊得潰不成軍，歐洲一些小國的電影市場幾乎面臨著全軍覆滅的狀態。後來，法國在和美國多次談判時，都說不能把電影當作商品，電影中包含的價值觀等精神因素對法蘭西文化產生衝擊，法國人要捍衛本國文化。日本、韓國現在對外來文化產品的審查都非常嚴格。意識到這個問題並提出來的是一位外國人，他在《文化領土論》中提到，未來，傳統意義上的國界在實際上將不復存在，代之而起的將是按照文化的影響來決定領土的大小。韓劇《大長今》的流行就是一個典型的例子。這部電視劇實際上有很多中國文化元素，它風靡亞洲，讓韓國人嘗到文化影響的甜頭，開始不停地進行文化開拓、文化征服，用文化來拓展商業市場。我們國內有非常豐富的好資源，但沒有人去發掘。

　　如今，我們的國家一定要在文化方面做戰略考慮，至少有這幾點

好處：

　　一是加強海內外華人的文化認同。民族的振興需要文化認同，需要凝聚各方力量。前幾年陳水扁執政時期，「臺獨」勢頭愈演愈烈，引起國內許多人關注。我曾在網上看過一篇臺灣人的文章《我們憑什麼跟你統一》，文章作者認為，你們尊奉共產主義，我們尊奉三民主義，這兩種理念不同，該如何統一？你們現在身上還保留多少中國文化？如果說在文化上要統一，也應該是祖國大陸歸順臺灣地區。讀到這裡，我深感痛心。我們應該做得至少比臺灣地區好，才能讓臺灣地區有一種文化上的歸屬和認同。陳水扁要搞文化「臺獨」，我們則要進行文化統一，而且一定要把文化建設做好。但說起來很慚愧：兩蔣時代，臺灣地區中學生要把四書背好，而我們現在的文科博士都不一定能做到。因此，我們要做好對臺工作，首先就要能成為全世界漢文化的一個制高點。我在巴黎曾看到《人民日報海外版》的一篇討論——「海外華人怎樣保住中國文化的根」，現在，只有第一代華裔保存中國根，他們的子女對中國的感情越來越淡漠。如果我們再不從文化上去做好第二代人的工作，就會失去他們的支持。

　　第二，有利於塑造中國人的形象。我們在文化上要有長遠戰略，就是要塑造中國人的形象、中華民族的形象。經濟的可持續發展，有賴於在這方面下功夫。人之所以為人，是因為人有「仁義禮智」四端。我們願意為汶川地震中的陌生人提供幫助，就是「仁」。我在學校開一門《中國古代禮儀文明》的課程，我告訴同學們，這門課的最低的要求就是要讓你有個「人樣」。現在我們常說，誠信是最基本的要求，這些道理要從小告訴大家，我們的靈魂要靠道德理性來管理。

　　第三，有利於民族工業的發展。現在我們最缺乏的是深入淺出，

反而都是淺入淺出的東西在流行。媒體看到大眾的沉淪，只是推波助瀾。現在娛樂至上的現象非常令人傷感，傳播的資訊內涵在逐漸降低。我們的某些電視節目直接複製自國外，古裝劇演得一塌糊塗，把觀眾對歷史的認知都搞混亂了。我們製造的產品，不夠精緻，不夠用心，更談不上正確演繹中國文化。而在日本，有些瓷碗都是由製碗世家精心打造的，他們會在碗底蓋上家族印章，將企業文化內涵融入商業產品之中。現在，很多行業總是為缺乏創意而發愁，其實我們的傳統文化可以提供非常多的創意。一部《大長今》將韓國人的文化價值觀借助影視經濟的推動，傳播到了整個亞洲乃至全世界，這是多麼巨大的影響力啊！民族工業的進步，離不開文化戰略的指導，否則可能很難有個性，也很難有突破性的拓展。

第四，有利於提高全民族的素質。經濟發展至今，人類在滿足物質欲望之後，也應同步發展精神家園。而現代人的總體素質卻在下滑。臺灣作家龍應台說，知識教育是一種可以量化的知道。比如說喜馬拉雅山有多高，這是外在於我的，可以量化的。素質教育是要通過文史哲的知識傳播，內化到知識者的本體中去，要成為認知者生命的一部分，最高體現就是一種人文關懷。這個人是一個抽象的人類概念，我們每一個讀書人讀到最後都要產生一種對於人的關懷：我們民族、人類要向何處去？我怎麼樣在這方面做出自己的貢獻？《岳陽樓記》所謂「先天下之憂而憂，後天下之樂而樂」，就是對人的關懷。東林黨人所謂「風聲雨聲讀書聲，聲聲入耳；家事國事天下事，事事關心」，是一個知識分子的文化品質。我們在文化上一定要讓所有人，尤其是作為知識精英的大學生成為有素質的人，這樣，整個民族才能被帶動起來。我現在所教授的課也是希望在這方面能摸索出一些

經驗，希望我們教育出的學生人人都有長遠的目光，這樣，我們民族在二十一世紀的復興才有希望。

2008年於華中科技大學演講

陳晨晨根據錄音整理

歷史・記憶・中產——大眾文化書寫

戴錦華　北京大學比較文化研究所主任、教授

　　今天有幸跟大家分享一下近年來我的一些觀察和思考。我對於我們整個中國的精英世界、我們的文化、我們的未來，嘗試著進行一些並不勝任的思考。二〇〇八年初，我接受了北京學生電臺的訪問，一個英語系的年輕主持人，在訪問了我之後跟我談話，說非常羨慕我們。他說：你們會非常清楚地說二十世紀八〇年代對你們意味著什麼，九〇年代對你們意味著什麼，整個中國世界的大事件是怎麼跟你們個人糾纏在一起的。但是對於我們來說，好像我們沒有什麼可說的，生活就是如此，世界就是如此，我覺得我們的生命是如此的蒼白。我說：大概你錯了，每一代人有每一代人的生活，每一代人都有每一代人的生命，每一代人都有每一代人的境遇。很多年以後你可能會說，二〇〇八年中國辦奧運會那年我怎樣。從這段對話我要引出的話題是，其實如果我們真實地去感知我們的現實生活的話，我們會強烈地感覺到中國的每一代人在近二十年中每時每刻每分每秒都是生活在歷史中。歷史從來沒有以如此真切的面目、如此壓縮地、如此暴露地在我們面前呈現它書寫的痕跡。

　　舉一個小小的例子，我們說城市吧。城市空間實際上是一個歷史記憶的撰寫空間，歷史就寫在這個空間中。我們說這條街道是什麼什麼時候建成的，這條街道有哪些歷史，這條街道有哪些建築，每一個

建築裡面居住了什麼人。一個城市空間的改變是非常緩慢的。但是今天的情況不一樣了。提到今天的北京，我們馬上聯想到的是什麼？鳥巢、水立方、國家劇院，這是北京這個城市的地標性建築，但是所有這些地標性建築，它們的生命不超過三年。於是我們作為親歷者，作為目擊者，我們看到歷史在我們面前發生。二〇〇八年是一個普通而又不普通的年分。我們說它普通，是因為每一個年分都是普通的，有人出生，有人死去，生命在繼續，世界在變遷，權力在轉移，但是權力仍然在運行。可是這個年分又是不一般的，不僅僅是二〇〇八年中國舉辦了奧運會，也是因為二〇〇八年，如果回到我們自己的歷史和文化當中我們稱之為甲子年，是我們古文明當中的新世紀和創世紀。而二〇〇八年的不平凡之處在於這一年是如此地動盪、如此地充滿了災難，從年初的冰雪災害，到西藏的騷亂事件，再到汶川地震，這種自然的災難已經造成了巨大的災難，使得每一個人都必須停下來想一想生命是何其的脆弱和渺小；到奧運會召開，儘管我始終保持著某種批判，但我不得不在奧運會開幕式的那個巨大的奇觀面前感到某種的震動，甚至是嘆服。那麼，接下來我要說在這一年中我們顯然加上了一筆叫作三鹿奶粉事件，再接下來是「神七」順利升空。一個短短的年分被如此多的重大事件撰寫，我們作為親歷者，難道沒有感覺到我們生活在歷史之中嗎？所以我說歷史以相當密集的形態、相當壓縮的形態在我們當中發生，使得我們每一個人都自覺不自覺地置身於這個歷史之中，而且我們都自覺不自覺地在參與這個歷史。在我還是比較年輕的時候我說過一句比較較勁的話——現在年紀越大越不敢較勁，怕被人們嘲笑——我當時說的是，我不屬於那樣一代人，就是曾經有那麼一代人，比我更年長的一代人，他們自以為他們能夠書寫歷史，

他們以為他們能夠改造世界，他們以為他們執掌著歷史的書寫，他們有能力重新改造這個世界，我說我沒有這樣的豪情，但是我屬於這樣的一代人，我相信我們每一代人都必須書寫自己的歷史。每一個人都必須書寫自己的歷史，並為自己的書寫承擔全部責任。隨著歲月的逝去，我慢慢地意識到，當我們每一個人書寫歷史的時候，書寫我們個人的歷史的時候，我們其實也在書寫我們共同的歷史。因為每一個個體、每一個個體的生命經歷，就匯成了所謂的社會、所謂的人類、所謂的歷史，形成人類歷史的長河。一邊是我們每一個人都要自覺地去意識到我們生活在其中，而從另外一個角度說，我們這個急劇發生中的歷史又以一個空前急劇的力度在抹去歷史。我同樣做過一個表達，我說在今天的中國你不需要背井離鄉，你已經成了異鄉人。比如說我始終生活在北京，我出生在北京，我生活在北京，但是對於北京，我能夠認識的地方不多了，我是北京的一個客人，我是北京的一個異鄉人。我在北京出行的時候我要查地圖，我要指認每一個嶄新的、生命不超過十年的建築，而曾經篆刻著我生命記憶的那些空間已經扁平化了。什麼意思？太簡單了，我說歷史是一個不斷地扁平化的過程。我讀書的那個中學就在這兒，曾經在這兒，而現在這兒是一座摩天大樓，玻璃幕牆映照著藍天白雲、映照著城市空間、映照著城市的車流。現在整個的是以空前的力度在抹掉歷史和抹掉記憶，以至於我們每一個人的記憶像福柯所說的變成了一個漸漸地萎縮到只留下一個內部空間的事實，我們的記憶只留在我們的相冊上，留在我們家族的傳說之中，留在我們內部空間的四壁上。其實即使它在我們內部空間的四壁上，它也不能夠持久，因為大概沒過多久我們就要裝修，我們把我們的空間四壁也都全部改掉了，我們把我們曾經的生命的痕跡也都

全部改掉了。去年和今年兩次訪問柏林的時候，柏林的朋友都會告訴我說，在柏林，有一個整個歐洲最大的建築工地，也是西歐唯一的建築工地，就是原來的柏林牆所在。換句話說，除了柏林牆倒塌、兩國統一這麼巨大的歷史變遷之外，已經不可能在歐洲造就一個巨大的建築工地了。可是我們整個中國每一個城市都是以巨大的規模在經歷著重建。

　　剛才我說，北大的學生跟我說他們覺得他們的生命蒼白，覺得我們這一代人的生命多姿多彩。我看到下面有幾個同學點頭，好像有共鳴。因為你們還年輕，你們覺得自己的生命蒼白。你們不知道你們不僅擁有現代，你們還會擁有未來！除了這個共同的原因之外，我覺得這種蒼白之感還來自一個無形的巨大的特別是暴力的改寫力量。就是某些東西以一個共同價值，以一個全球皆然的價值悄悄地改寫了、重建了我們的內心世界、我們的價值系統。於是整個世界的人、整個地球的人都被驅趕到了一個單行道上。這個單行道的路邊只有一個路標叫作成功。其實，我們都知道西方的主流的社會心理學家研究過，現代世界、現代社會越來越像一場馬拉松，開始的時候是成千上萬人在起跑線上，最後是越來越少的人留在跑道上，更少的人拿到錦標。我們不去批判這樣的一種單一化的價值觀念、單一化的意識形態、單一化的社會形態和社會實踐，我們只是說這樣的一個暴力的、內在的改寫，造成了我們生命內部的匱乏。它使得太多不同的審美經驗、太多不同的生命追求、太多不同的生命思考被放逐，這是我要跟大家分享的第二個層次。一方面是我們生活在歷史中，一方面是歷史在被暴力抹平。

　　今天我想要跟大家分享的另外一個東西，是我覺得更有趣的一個

事實，我們會發現一邊是歷史在急劇地發生，一邊是歷史在被抹平，而同時我們說這種內部地改寫、內部地抹平、內部地拆毀和重建的結果是——一個美國的青年社會心理學家在對中國各大城市的青年人做過一個為期七年的調查之後得出了一個結論，他說中國「八〇後」的一代是沒有童年、沒有青春、沒有夢想的一代。這個說法大家先不要憤怒。所謂沒有童年，是因為三歲就去學鋼琴，四歲去進行鋼琴等級考試。在你的童年時代就被組織到應試教育之中、進入到十三億人口之多的人口大國之中、進入到單一的成功者的單行道上。他說沒有青春，就是因為青春有兩個命題，一個命題就是青春是狂放的，青春是張揚的，青春是夢想的，另一個命題是青春是滑動的沼澤，青春是痛苦的、掙扎的，人生的一種無助感、無力感，但是又要掙扎又要奮鬥。他說中國「八〇後」沒有青春，是因為在他的調查中，處於青春這個年齡段的年輕人，他們盡可能地去壓縮自己夢想的、狂想的、暢想的空間，他們對自己人生的設計、對自己的思考、對社會的風氣感到迷惘，這是他的結論。而在我的觀察中，儘管我並不完全認同他的看法，而我認為應該補充另外一種看法。在我的觀察中，「八〇後」的文化儘管有諸多的特徵，儘管有諸多的差異，但是有一個東西好像是共同的，至少在我們所接觸到的學生當中，我發現這個是共同的，「八〇後」的中國年輕人一代的文化、他們的社會結構、他們的思考過程當中有一個重大的變化，這個變化就是歷史縱深感的消失。當代的歷史與自己感同身受的歷史、與自己血肉相連的歷史終止在二十世紀八〇年代。二十世紀八〇年代以前的歷史，比如說「文革」的歷史、前改革開放的歷史、二十世紀五〇年代到七〇年代的歷史、解放戰爭的歷史、抗日戰爭的歷史，對於我所接觸到的「八〇後」的年輕

人來說，跟秦朝、唐朝、宋朝一樣的遙遠也一樣的靠近。非常有趣的是，當我觀察到這個事實的時候，我想到了二十世紀八〇年代的一個美國教授，一個美國非常有名的社會心理學教授在北大做訪問學者的時候，對我說，他最感動的是中國年輕人的清晰的歷史感，他說他最不能容忍的是美國學生這種沒有歷史感的、沒有文化的知識結構的狀態。當我突然意識到對於我們中國的年輕一代來說，歷史的地平線終止在二十世紀八〇年代的時候，我不知道是該說極端悲哀還是說好啊，中國終於走向世界了，中國的年輕人和美國的年輕人沒有太大的差別了。那麼這樣的事實是要「八〇後」的一代來承擔責任嗎？顯然不能。一種歷史感、一種文化結構、一種知識結構、一種價值的基本取向，它是整個社會建構出來的。每一個個人當然要承擔自己的責任，但是沒有哪一代能夠獨自承擔這一個時代由不同代際形成的文化結構，它一定是社會性的。

前面兩個基本的事實觀察完之後，我們想進入第三個層次。一邊是歷史在急劇地發生，一邊是歷史在多個層次上被抹平，以至於歷史的縱深感消失，被後現代完全地扁平化。我開一個玩笑，我們擁有一個永遠的現在時，我們不求天長地久，只求曾經擁有。一個永遠封閉的現在時，這個封閉的現在時不連繫著過去，也不通向未來。但是很有趣的是，這個永遠封閉的現在時，永遠背負著一個巨大的奢華的懷舊。我們很懷舊，我們還很年輕我們就懷舊。本來懷舊在我這個年齡都還早了一點，但是我發現年輕的一代的消費文化當中充滿了懷舊。而構成懷舊的表象可以是二十世紀八〇年代，可以是二十世紀九〇年代，可以是二十世紀五〇年代，可以是二十世紀六〇年代，它是一個無差異的可供消費的對象。於是它帶出我今天想跟大家分享的第三個

層次的問題，就是在這樣的一個關於歷史的文化背景之上出現了一個非常有趣的事實，就是歷史的表象以空前的力度在湧現，歷史在大眾文化當中湧現，歷史的表象在以空前的力度被消費。我們大家看到，從二十世紀九〇年代後開始，大量的歷史劇成為電視連續劇的重要組成部分，它曾經集中在清宮戲，我們老開玩笑說某某某又演了幾個皇帝了，但是一定是清帝。但是很有趣的是，如果大家注意觀察的話就會發現——如果你們有歷史感的話——從一九四九年開始以後，在當代中國的文學藝術當中，清宮戲就是一個被主要書寫的對象。那麼二十世紀九〇年代以後的清宮戲有什麼變化呢？變化很清楚。它從晚清故事變成了康乾盛世的故事。從一個內憂外患的、政治腐敗的、黑暗的、痛苦的、危機四伏的表象轉移成了一個富足的、強大的、居世界中心的中國形象。在這之後我們看到，不僅僅是清宮戲了，唐代浮現出來了，漢代浮現出來了。這是大家可以注意到的。當然，如果我們多說一點，我們會發現清宮戲也遠遠不僅是歷史劇。因為《康熙大帝》、《雍正王朝》那是歷史劇，多少帶有肥皂劇的特點。還有一些純粹的肥皂劇，比如說《康熙微服私訪記》。如果大家考察康熙微服私訪的話，就會發現康熙微服私訪跟我們現實的距離，其實比跟《奮鬥》那樣的距離更近。在《康熙微服私訪記》中，它每一集都是在針對著一個剛剛過去不久的新聞事件，比如說假藥，比如說貪官，比如說大貪汙案。它的故事原型都是剛剛發生在我們身邊的重大的社會歷史事件，只是古裝片給了它一個安全的包裝。當然不僅如此。大眾文化的功能大家可能知道。我非常喜歡這句話，我說：好萊塢電影有沒有用啊？當然有用了，好的好萊塢電影功能非常巨大，就是當我們已經絕望了，我們已經連死的心都有了，但是我們看一部好萊塢電影，

我們就會有勇氣再活一個禮拜。成功的大眾文化都是這樣的。我們看《康熙微服私訪記》，並不是嚴肅地看到了我們的社會問題、嚴肅的批判，而是它不僅是清宮戲，不僅是古裝片，不僅是肥皂劇，它還特別地借助了中國的大眾文化當中特有的一個邏輯，就是戲不夠神仙湊。說這個公子落難了，救不出來怎麼辦？神仙下凡了。老百姓在現實問題中、在苦難中，在看什麼呢？在看明君和清官啊！可是這顯然是一個最典型的想像性情節，因為它不是現實中能夠有的情節。我在這兒要講的不是這樣的一些歷史表象問題，我要講的是一些跟我們更為切近的歷史的湧現。但是也許對於歷史縱深感已經消失的人群來說，那樣的歷史和清宮戲中清朝官員穿著清服的、穿著龍袍的故事，一樣的遙遠或者一樣的切近。我還要談到這樣的一些影視劇，就是紅色歷史的重寫。從《激情燃燒的歲月》到《亮劍》到《集結號》，我們會發現一個非常有趣的歷史故事再一次被講述。新鮮之處在哪裡呢？新鮮之處在於，第一，所有這些故事都是紅色歷史，所有這些故事都曾經好像被視為是非常官方的，但是這一次觀眾心甘情願地、由衷地、心悅誠服地、熱情洋溢地去擁抱它，沒有任何強迫性的力量。這些劇到了雅俗共賞、老少皆宜、傾城空巷的地步。那麼它告訴我們是紅色的歷史又重歸了嗎？觀眾再一次進入到了那種社會主義的主旋律中了嗎？顯然不是。大家都知道這個陳詞濫調，說每一種歷史都是當代史。不論我在寫秦朝、漢朝還是明朝的歷史，我作為一個當代人其實我都是在書寫當代史。我一定是帶著我對當代的生活中的感悟、我的問題、我的痛苦、我的迷惘、我的思考進入到歷史的寫作之中。所以這個歷史不論它屬於什麼年代，它寫出來以後都是當代史。那麼這些歷史肥皂劇的暢銷，正是因為它呼應了我們當代人的所思所想、

所感所發。但是今天我感興趣的不在於說一種紅色的歷史、紅色的故事成功地包裝了當下的主流邏輯而不是昔日的東西，而我更關心的是這些故事的寫作它裡面所包含的一種抹平歷史的差異的方式。我說所有的這些影視劇，它們的成功之處在於再一次地呼喚歷史的同時，也是再一次地告別和埋葬歷史。

我們說歷史再度被湧現，再度被消費，再次被由衷地接受，傳遞了一個什麼樣的資訊？傳遞一個強有力的社會共識的重新確立。我們終於越過了當代歷史中不同邏輯所造成的種種隔閡、分歧和差異，而重新在現代中國、中國人、中國現代化歷程的意義上整合起來了二十世紀中國歷史的全部，而且重新使得它成了一個流暢的完整的角色。在《戈壁母親》這部劇當中，我們看到所有的大和解都充分地完成了。人民甚至和「文革」和解，這個最不能被和解的歷史也被和解了。所以我說這是一個非常有趣的歷史進程。它告訴我們說，大眾文化在履行著講述歷史、在對歷史的消費當中重新完成一種對主流共識的確立和加固。當然絕不僅僅是大眾文化在這兒獨自完成這件事情，只是大眾文化參與到了這樣的一個歷史的建構過程中，同時大眾文化又成為這樣的一個歷史建構過程的表象或者是徵候，就是通過這個東西，我們可以意識到這樣的一個過程已經發生。那麼我就可以說很多很多的障礙被排除了，很多很多的差異被抹去了，很多很多的痛苦和血淚被遺忘了。在這樣的一個抹平、遺忘、重寫、改變的過程中，一種新的社會價值觀、一種新的社會的文化暴力系統、一種新的所謂的文化霸權再度被確立。而在我看來，這樣的一個過程顯然直接連繫著一個社會群體的出現。這個社會群體就是所謂中國的新中產階級。中國的新中產階級長久地被呼喚，長久地被構想，長久地被人們在不同

的層面去設想。曾經它是一個政治的理念，人們認為中產階級是社會民主或者民主社會的一個必要的力量，中產階級是改變中國政治文化結構的力量。也曾經有人設想中產階級是標識著中國經濟起飛的這樣一個重要的參數。也曾經有人說世界上最合理的一種結構就是紡錘形結構，兩頭小，中間大。一個很大的中產階級，一個很小的富人，一個很小的窮人。但所有在中國的變化當中以為殷實了的中產階級們摸摸自己的腰包，發現自己原來不是中產階級。於是在中國的傳媒上、從中國的想像中，中產階級這個概念突然消失了，取而代之的是另外的一個詞，叫作「小資」。「小資」是一個更曖昧的概念，「小資」是一個更可以用文化趣位來標識的概念。可是我注意到之後不久，一本很流行的雜誌——廣州出版的《新週刊》，出了一個專號，這個專號的名稱叫作「忽然中產」。它的基調就是我們不用管美國的中產階級怎麼樣，我們不管他們怎麼去衡量，我們可以有自己的中產階級。今天在我來的路上很好玩，圖書館的年輕朋友去接我，這個年輕的朋友說不知道什麼是中產階級。我說其實它是一個很難定義的詞。中產階級本身不是富人也不是窮人，因為他是中間層，所以中產階級似乎無須定義，因為它是一個相對概念。但是中產階級又似乎可以定義，那就是中產階級是一種生活方式，是一種被美國所奠基了的生活方式。中產階級有一些非常外在的指標，比如說有房有車，比如說核心家庭，這是生活形態；更重要的是價值觀念，中產階級是最講求道理的，中產階級是最標榜的，中產階級是最追逐道德的自我完善或者是道德自戀的。從什麼時候開始中國似乎出現了這個中產階級群體，而這個群體因為它沒有道德的自我規範和自我彰顯，使得他們顯得相當蒼白。

我們剛才講到那樣一種歷史表象的消費、歷史表象的重寫，它既是我們充滿中產階級圖景的這樣的一種素材，同時也是中產階級的一種文化需求的直觀呈現。但是非常令我驚訝的，出乎我意料的，也是令我百感交集同時深感欣慰的就是，汶川地震的時候，中國的中產階級突然顯示了他們道德的自我規範、道德的自我完美。看到各大街頭無償獻血的年輕人排起來的佇列，看到他們撐起雨傘等待，看到巨額的個人捐款的出現，我強烈地意識到中國的中產階級不僅形成了而且開始成熟了。但是，當中產階級成為這個社會非常有能力的一個群體之後，當他們要承擔這個社會的文化建構和社會想像的文化職責的時候，他們所要了解的事件，他們所要關注的問題，要遠比一次獻血或者是一次捐款或者獻出愛心要負責得多。

我們再回到二〇〇八年這個普通的年分，同時它也是一個不普通的年分，在這個時間中，在這個和世界關聯的近期的很多事情中，很多問題是如何的變得不可忽視？

一個問題就是能源危機的問題。冷戰結束之後，幾乎所有的戰爭都是能源戰爭。大家知道的，科索沃戰爭之所以會爆發，那是因為美國要獲取它的石油通道，同時堵住蘇聯的石油通道。阿富汗沒有石油，但是阿富汗最重要的是有通道。美國占領了阿富汗，不僅僅堵住了蘇聯的石油通道，而且還堵住了中國的石油通道。伊拉克不用說了，否則的話，世界上的獨裁者那麼多，美國為什麼不管？我經常舉例說關於盧旺達的一部電影，是英國的一位導演拍攝的，叫作《四月某時》。那部電影有一個場景，在德國電影節最大的劇場裡放映時，放到這兒的時候全場響起暴風雨般的掌聲。其中有一個對話：因為在盧旺達發生了最慘絕人寰的種族大屠殺，真正的種族大屠殺，一個族

群去滅絕另外的一個族群，大部分都是使用原始武器如刀、棍，持續了一百天，殺了一百萬人，全世界袖手旁觀。種族滅絕，是一件非常可怕的事件。電影裡面有一人是美國的一位女官員，她打電話給當時的盧旺達政府領導人說：你們住手，你們再不住手的話我們美國就插手了，你們趕快停止屠殺。結果那個總統蹺著二郎腿，拿著電話說：你們不會來的，你們肯定不會來的，我們沒有鑽石，我們沒有石油，你們要的東西我們什麼都沒有，所以你們不會來。這個臺詞念出來的時候，柏林電影院裡面全場掌聲雷動。換句話說，美國對世界秩序的匡扶，一定首先是美國的利益，對於這一點至少在那個場合已經成了共識。我們現在不需要討論美國的霸權問題。全球的石油儲量基本上已經探明，即使沒有探明的儲量也是極端有限了，而我們人類的消耗能力在不斷加大。那麼新中產階級當他們釋放新的生活時尚的時候，當他們引導社會的消費潮流的時候，當他們通過自我想像來樹立這個社會的一個新的標準和楷模的時候，如果他們沒有能源危機的意識，那麼恐怕首先有損於他們的自我指認和道德的自我完善，其次也會對於人、對於人類的未來帶來一些基本的憂慮。石油能源的危機中，石油能源的緊缺還不是全部，全部是當當代認識到石油資源緊缺的時候，那問題就來了。當然有人說：戴老師，你緊張什麼啊？我們還會發現新能源的啊。但是，你以為現在才想起來新能源嗎？並不是，已經五十年了，世界頂尖級的跨國公司每年都投入天文數字用於新能源的開發，五十年了，幾乎沒有推進。又有同學說了，太陽能啊。現在世界上風能和太陽能已經被普遍地使用，但是我想要告訴大家的是，風能、太陽能的使用有很大的局限性，首先是太昂貴。其次，大家知道永動機現在不再實驗了吧，因為能量守恆，要創造出能量就要耗

能。中國現在很多地方都有了風能發電設備，特別是北方那些風力很大的地方，如果你們看到了那個風車，你們就會知道，要想從風中獲取一點電力，我們使用了多少金屬的風車。我看到歐洲很多國家的風能發電機的時候，我真的是覺得到了地獄，遇到了噩夢，密密麻麻的風車，它至多只能滿足一個社會社區的生活用電，完全不能滿足工業用電和巨大的耗能需求。於是新能源在被追逐著，新能源在被構想著，新能源在被呼喚渴求著。因為所有的人都知道，如果不發明新能源的話，我們這一時期的文明是石油文明，其終結的那一天就是我們石油終結的那一天。這不是危言聳聽，文明會終結並不是說地球就會毀滅了。石油危機會帶出一系列的問題，它不是一個簡單的能源危機的問題，不是一個簡單地節約、節省、尋找替代能源的問題。

第二個問題我想我們都經歷了，從年初的冰雪暴到今年的涼爽的武漢，到非常非常涼爽的北京，我們經歷了全球氣候的異常，在全球氣候異常的背後是整個地球的暖化。你們可以看到一九六六年、一九七七年和今年中國登山隊拍攝的珠穆朗瑪峰的照片的變化：前兩次是完全白雪皚皚的冰雪，現在是完全裸露的山岩。所以你如果是一個個人主義者，你可以說我死後哪怕是洪水滔天都和我沒有關係。但是如果我們不是每一個人都意識到這一點，每一個人都做一點事情的話，你還沒死恐怕就洪水滔天了。這是一個個人主義者也不能不關注的問題。

再有就是全球金融危機問題，華爾街在危機之中，美國在危機之中。而美國作為世界金融大廈，如果它坍塌的話就會把全世界拖下水。

所以我說我們真的是在面對一個新的世界，我們真的在面對著一

個地球村。這個地球村不像是我年輕時候的那個年代一樣溫暖溫情，而是告訴我們，今天這個全球化的世界，我們一榮俱榮、一損俱損。而在這個一榮俱榮、一損俱損的世界上，中國作為十三億人口之多的大國，作為一個世界上最引人注目的經濟高速增長的國家，作為二〇〇八年在西藏事件和汶川事件當中表現出來了巨大的民族向心力的這樣一個國家，我們每一個當代人有責任意識到我們應該有很多不同的思考。如果中國創造了一個不同的出路，也許世界都能有不同的出路。如果中國十三億人口拖著、抱著都湧上了這條單行道，那麼只能使這輛沒有閘的駛向懸崖的現代戰車加速。所以無論怎樣，我想一個更美好的世界，一個更和解的世界，一個讓年輕的人類能夠延續下去的世界必然是多樣的、多元的、尊重多樣性的。如果我們說我們很幸運地生活在這個經濟高速增長的國家之中，而且我們很幸運地生活在這樣的一個漫長的歷史、一個有很漫長的文化傳統的國度當中，如果我們第一次在這一百多年來、在血淚斑斑的近代史之後，第一次有了一點關於中國人的自豪和自覺的時候，我們也要想想我們對當代中國乃至對當代世界應該有什麼樣的責任。我們有沒有可能去開拓、去想像不同的世界、不同的未來、不同的生存的價值？

　　我經常說我想做的事情很微末。我想說，除了成功之外，還有很多種精彩的生活。人類曾經恐懼機器人出現終將取代人，最後人類釋然了，說機器人不會取代人。為什麼？因為機器人太邏輯太理性，機器人永遠做最佳選擇，機器人永遠趨利避害。人則不同，人是怪誕的，人是沒有那麼有邏輯的，人是荒唐的，人是可笑的，因為人是不同的。人類並不是永遠做出對自己最有利的選擇。因為有太多的東西對於人類來說是超越於利益本身的，所以這不是在唱高調，不是在弘

揚理想主義，不是在宣講烏托邦，而是我們要真實地看到在中國的欣欣向榮的、生機勃勃的現實之下有中國內部的重重的危機、多重的矛盾、多樣的差異。同時我們也要越過今天的中國看到整個世界、整個人類面臨著現代文明發生的空前的大挑戰。如果我們用一句流行的話說任何挑戰都是機遇的話，那麼我也要用最流行的最惡俗的話說，機遇永遠屬於有所準備的人。所以中國有沒有機遇，我們有沒有機遇，我們對世界能不能貢獻一點點，我最後想我能不能對得起我自己的那樣的時期，是要看我們有沒有準備，我們有沒有觀察，我們有沒有思考，我們有沒有一點點的勇氣。所以我真的很恥於唱高調，我在那樣的一個空曠的、高歌猛進的、喊空口號的時代長大，我非常憎惡這種東西。但是我現在會在這兒跟大家講這些東西，是因為我作為一個個人來說，可以求得心安。我會做我能做的，同時我也希望能夠跟大家分享，因為畢竟只有當一種不同的多樣性的社會達成共識以後，這個社會才是真正充滿活力的，這個社會才是可能有春天的。

2009年於華中科技大學演講

歐陽來祿根據錄音整理

文化衝突在當代的延伸與出路

楊慧林　中國人民大學教授

今天我想要提出的問題是，我們現在怎麼討論文化衝突的問題？文化衝突的問題是全世界普遍存在的一個事實，沒有辦法回避，但有沒有可能解決呢？事實上，古今中外的人們都在討論文化融合、文化對話、文化共融的問題，但是其實問題從來沒有解決過。所以到底有沒有可能有一種不同的邏輯來進入這個問題、來討論這個問題？我覺得這是未來中國的讀書人應該要思考的問題，而且也可能是中國人有可能跟世界深層對話的前提。

首先我想舉幾個具體例子。第一個例子是所謂的global ethic——「全球倫理」，或者最開始的時候被翻譯成「世界倫理」，因為它是從德國人那裡提出來的，德國人理解的world——「世界」這個詞跟英文是不一樣的，所以後來在英文裡面用global ethic。「倫理」，我們平常用的是ethics，但是他們用的時候，專門用的是ethic。用ethic想強調什麼呢？實際上各個不同的文化、不同的傳統、不同的族群、不同的意識形態、不同的宗教信仰，都要追求一種道德價值，但是在所有不同的人描述的那些道德理想、價值標準中，有一些最基本的成分，在提出「世界倫理」的德國人看來，應該是共通的，因此他們有意識地要用不同的詞ethic——最核心的部分，來確認它們之間到底有沒有可以通融的東西。這個概念在二十世紀九〇年代末，被德國學者提出

來，提出這個概念的人不是哲學家、不是人文學者、不是政治領袖，而是宗教學者、是神學家。但是在德國或者整個歐洲的學術語境當中其實有很多神學家，也是很好的人文學者，如果拋開他的宗教色彩的話，他同樣也是被人文學界所接受的很重要的學者。最早提出global ethic這個概念的，是德國的一個學者，叫漢斯坤，中文有時譯成孔漢思。後來他提的這套理念就被全世界到處談論，於是一個瑞典的富豪捐給他一筆鉅款，讓他成立global ethic foundation（全球倫理基金會），一個專門的基金會，由漢斯坤自己做主席，用這筆錢做很多事情。

　　全球倫理的命題提出來之後，漢斯坤自己十分清楚，如果沒有中國人的參與，任何事情都談不上是global（全球），所以一定要有中國人的參與。因此從一九九七年開始，漢斯坤就到中國和中國的學者連續進行了三次比較深層次的對話，對話的主題就叫作global ethic and traditional Chinese ethics——全球倫理和中國傳統倫理，希望中國學者對此有所貢獻。三次對話之後，他希望發表一個北京的宣言，但是因為「宣言」這個詞中英文含義的輕重不一樣，所以最後決定改為「北京紀要」，這三次談話每次分別都有幾十個不同學術背景的中國學者參與，文學、史學、哲學、社會學、人類學，也包括宗教學，最後大家通過了一個都認可的文件，共同在上面簽了字。這個活動分別在一九九七年、二〇〇〇年和二〇〇一年各進行了一次，共做了三次，這三次很有成效。最後大家發現，中國的傳統觀念，中國的傳統價值確實和全球倫理有很多共同之處。最簡單地說，全球倫理有兩條基本的命題，第一條命題叫作「己所不欲，勿施於人」。這正是中國傳統的古訓，可以從孔子的學說裡面找到，正面的、負面的兩種表達方式

都有，在《聖經》裡面也有同樣的表達，而且完全可以翻譯成同樣的語言，文字都可以不差。另外一條基本的命題叫作treat humanly，就是對待人要像人一樣地對待，人道地對待每一個人。用中國的古訓來翻譯，即是「仁者人也」。

在美國費城有一個temple university（天普大學），有位學者叫swidler（斯維德勒）。他做了一些考察，即在世界最主要的文化傳統裡，到底有多少資源是共同的。他找到了一些根據。swidler舉出，在《論語》裡有「己所不欲勿施於人」，《論語》的《雍也》裡還有「己欲立而立人，己欲達而達人」，在《聖經》裡面也有完全一樣的表達方式，意即你不願意別人怎麼對你，你也不要怎麼對別人；你願意別人怎麼樣對你，你就要怎麼樣對別人。兩種正面的、反面的表達方式都有。

但是中國人的智慧比西方人可能更嚴密一些，更圓融無礙一點，所以他們提出以後，馬上有中國學者提出質疑：如果有兩種表達方式，是不是就意味著，「己所欲」就可以「施於人」呢？這樣的話也很可怕。實際上，在文化的衝突、文明的衝突、價值的衝突、意識形態的衝突、宗教的衝突中，其實有很多東西不是「己所不欲，勿施於人」的，而是我太喜歡的東西強加給別人，是這樣引起的衝突，這也是有問題的。於是swidler在《聖經》的《利未記》裡找到了「愛鄰如己」的說法，從印度的史詩《摩訶婆羅多》找到了類似的話，從印度佛教的經籍裡也找到了釋迦牟尼類似的話，甚至從伊斯蘭教的經典裡也找到了類似的話。所以按照他的說法，各個不同的文明傳統實際上在一些基本價值方面，好像都沒有衝突，好像大家都認同這些基本原則。那麼問題就來了，如果這些並不是現代人發明的基本的global ethic（全球倫理），而是我們的古代文明傳統裡早已存在的，如果不是某一個民族特別的貢獻，而是所有的人都共同承認的，那麼為什麼它並沒有給我們帶來一種共同的倫理秩序？為什麼並沒有排解世界上那麼多的沒有辦法解決的文明衝突？

所以這些年來，人們在這個研究的基礎上又把話題深入了一步。其中我覺得有兩個關鍵字非常重要，一個關鍵字是identity——人的身分。身分決定了人的價值，身分是一個出發點，是人的立場，但是一旦立場變成了價值，就會出現問題，因為立場和價值是不能畫等號的。在西方當代人文學術領域有一個集中的話題，叫作politics identity——身分政治。就是有那麼多的衝突，有那麼多的說辭，不管是民主、自由，還是其他，其實都跟人的具體的處境有關、具體的身分有關、具體的立場有關。於是從identity和politics identity裡面又衍生出一個概念，叫作position——立場。為什麼跟position又有一個有趣的關聯呢？在後面會講到。而且西方人和東方智慧的對話當中，最後延伸出一個叫作positionless position——沒有立場的立場，這是西方的語言，但是在古老的東方傳統裡有一個很好的詞，叫作「無執」，就是佛教所說的「無執」、「破執」，破掉identity（身分）和太過執著的立場。

所以這也是很多西方哲人在討論的一個有趣的問題，人們都在說這個世界是一個價值理念越來越消失的世界，人們越來越猥瑣的世界，人們越來越為商品化和物質的潮流所吞沒的世界。但有意思的是，是不是正是因為這些而導致了價值理想的消失，導致了所謂的虛無主義，很多學者提出未必如此。有的時候一種價值的喪失，一種虛無，其實不是因為我們懷疑我們的價值，懷疑我們的理想，懷疑被我

們相信為真理的那些東西，有時恰好相反，是我們太過相信我們信以為真理的東西，太過執著我們所持守的價值立場，太過熱衷於推銷我們自己的identity（身分）。如果是這樣的話，你會發現，整個群體，實際上就是被不同的身分、不同的立場所決定的，會使它一定通向不同的價值選擇，而如果每一個人的價值選擇都是每一個人的身分、立場所決定的話，其實到最後就沒有價值選擇，這才是真正的、更深刻的虛無。西方人討論的這些話題，簡單來說，就是有時候真理的缺失不是因為人們已經不相信真理，而是因為人們太過熱衷於自己所相信的真理，這裡就有很多危險和很多誤區。人們從全球倫理尋找共同點，最後卻歸結到一個更有意思的話題，即為什麼這些古已有之的道德規範其實不那麼有效，而且從來沒有真正阻止過人類文明和文化之間的衝突？

西方學者發現這樣的情況之後，有些問題就需要重新討論了。於是有一些很有趣的嘗試出現了，這樣的嘗試被西方學者稱為scripture reason，我把它翻譯成經文電影。今年春天，英國的坎特伯雷大主教專門組織了一場有趣的對話，請了六位中國學者、六位英國學者，兩人一組來做這個對話。與我對話的學者是英國劍橋大學的David Ford，他是一位非常好的神學家。他講到了他們所做的嘗試──scripture reason，這個scripture就是文本，但是不用text而用scripture，而且是大寫的，這經常用來指sacred scripture──神聖的文本。所以他所說的文本不是文學批評裡說的close reading的文本，而是指宗教的經典、神聖的文本、一本聖書，或是一個sacred books，對這樣的書的辯難，不是一般的reading，而是reason。

它具體做法是什麼呢？我們知道西方的宗教傳統雖然看起來有很

多的不同,但是總體上講,它們都是兩河流域直接的產物。所以前面提到講全球倫理的漢斯坤,他曾經提出,人類的歷史上有很多 religious river system——宗教的河系。按照他的說法,有三大不同的宗教河系,第一個是對於西方人來說的,最重要的河系是兩河流域——幼發拉底河、底格里斯河,在這一帶我們可以看到以色列、巴勒斯坦、伊朗等地區,在西元前三千年到西元前一千年的時候,可能確實是文明的中心,所以兩河流域的三個重要宗教傳統全部是從這裡發展而來。第一個是猶太人的宗教——猶太教,猶太教是西元一世紀從下層派別分化出來的一部分,後來慢慢演變成為基督教,即為第二個,第三個傳統是伊斯蘭教,伊斯蘭教到今天看起來與基督教如此水火不容,如此衝突,從根源上講,它們本是同出兩河流域,而且伊斯蘭教的經典裡有很多的情節甚至具體的形象都和基督教《聖經》一樣,比如亞伯拉罕,在《聖經》裡有他的故事敘述,在《古蘭經》裡同樣也有,只是用了一個被我們認為帶有天生的伊斯蘭教色彩的翻譯——易蔔拉欣,中國人看上去會認為跟基督教一定沒什麼關係,但其實完全是一個人,完全是一個名字,只不過是完全不同的翻譯。所以在 religious river system(宗教的河系)裡,兩河流域系統裡面,西方的宗教學者把它叫作「亞伯拉罕傳統」——Abraham tradition,也即不管是猶太教、基督教,還是伊斯蘭教,它們全部和同樣的一個傳統有關。

如果說宗教的經典都有那麼多的關聯,那麼這種經典就有對觀的可能性。「對觀」是基督教神學裡經常使用的一個概念,就是對比較看。所以這三大宗教傳統的經典也是可以對觀的。如果進行對觀,就會發現,亞伯拉罕的故事在基督教《聖經》裡的敘述和在伊斯蘭教的

《古蘭經》裡的敘述是不一樣的，裡面有很多微妙的差異。如耶穌在基督教的經典裡面是一種敘述方式，在伊斯蘭教的《古蘭經》裡還有另外的故事，所以才會有伊斯蘭教後來的先知穆罕默德，如果真的都是一樣的，就根本沒有必要有什麼穆罕默德的故事了。

那麼這樣又產生了問題，即同出兩河流域，同出亞伯拉罕傳統，但卻分化出了不同的宗教，經典也有這麼多的不同，而經典的故事明明是相關的。所以scripture reason的一個基本的工作，就是把猶太教、伊斯蘭教和基督教三大宗教的經典放到一起，然後由三個宗教傳統背景的學者同時在一處對比地閱讀三種經典同一段情節、同一種描述，看看它們到底有什麼不同。這種對觀完全是一個顛覆性的思考。可以試想一下，對自己的信仰傳統無比虔敬的人，突然看到完全的異教是另外一種敘述的故事在講他熟悉的敘述的時候，他受到的震動將會是非常之大的，而這些人都是學者，所以他們覺得要做一種converger studies——大學建設內的學術性的研究，這在一般的信眾看來是不可能的。

隨著研究的深入，這些學者得出了一些非常驚人的結論。結論有幾個要點。

第一，經文辯讀是多元的他者，是完全不同的others——他人，共同參與的、尋求智慧的活動。它是一個wisdom seeking engagement——尋求的是智慧而不是去印證自己的信仰，或者用自己的信仰去修正別人的信仰，這是所有的人都認同的。而每一個人都是other——對方的他者，互相成為他者就構成了diverse communicate——一個多元的群體，這樣的群體才能進行智慧尋求的閱讀活動。

第二，經文辯讀是對宗教經典的一種重新詮釋——reinterpretation of scriptures，這種重新的詮釋是在一種conveger dialogue或conversation 裡面完成的。只有在學者的圈子裡，在學術的語境下，才成為可能。它是一種對話，一種交談，這種談話不可能是一般的信仰者之間的衝突，而只能是平心靜氣的、理性的閱讀。在這種閱讀當中，應該是 with various scriptures along side——不同的經典都同時擺在那裡給大家看，我們都承認這就是歷史留下來的各個不同宗教的傳統的經典。

第三，經文辯讀要向所有的人開放。它是It is open to all people——對所有的人開放，不僅是對所有的人，對所有的cultures、religious、disciplines——對所有的文化、宗教、學科、藝術、媒體和生活的領域，所有的可以進入文本閱讀的活動者，它一個共同形成的 response——回應，這就是經文辯讀的一個非常重要的特徵——open to all people and culture and religiou。

第四，在整個經文辯讀的過程中，它涉及的一定是多種聲音，不可能被整合為獨白。

第五，在經文辯讀過程中，沒有任何一種權威性的觀點，沒有任何一個原本的解釋者。在這樣的活動當中，沒有任何一方能夠排他性地獲得經文的最後意義。

第六，經文辯讀是要把一種深層的思辨公開化，讓它進入公共領域，沒有任何一種宗教傳統可以談得上是宗教傳統，如果它缺乏深層思辨的話。

第七，經文辯讀是一種跨越邊界的神聖儀式。在這種儀式當中，上帝的顯現可能是以不同的方式來界定的。

第八，經文辯讀的活動所要提供的是一種新鮮的、經過檢驗的智

慧。所謂「經過檢驗的智慧」是有典故的，這是蘇格拉底留給希臘人的教訓——未經檢驗的生活是不值得一活的。所以要從文本的研讀當中涉及更多的不同的問題，而有意思的是，不同的問題是一個理論的問題，也是哲學的問題和神學的問題，到最後所有思考的問題都變成了一個公共性的問題，人們可以商量、可以思考，而不是有預先的看法。

第九，經文辯讀最開始是由一些猶太教的學者和神學家發明的，他們最後得出的是一個非常驚人的結論——猶太教不僅需要重新理解自己的經典，而且需要借助其他傳統來理解自己。

最後，按照經文辯讀所提出來的看法，他們總結認為，這樣的理解方式不僅能夠說明我們理解跟我們不同的人——他者，也能幫助我們更好地理解自己的經典和傳統，最後凸顯出來的是在尋求智慧的活動當中高於我們任何一方的他者，這個他者是一個絕對的他者。談到這裡，三個方面可能會得到暫時的一致，因為這就是神學、宗教學裡不斷在講的絕對的他者、全然的他者。

以上就是經文辯讀過程當中討論出的一些非常有趣的話題，而這些話題如果回到基督教的語境當中，會發現西班牙有一個神學家，他提出現在都在講宗教之間的對話，但是實際上，這種對話最終都變成了宗教內的對話——我們不僅通過不同的宗教了解對方，其實我們也通過了解對方重新了解了自己。對於這樣的一種討論，最後也許可以說，如果宗教間的經典閱讀，可以得出這樣的結論的話，那麼裡面潛在的可能是一種自我反省和批判，它其實是反對任何自我封閉、反對任何自我詮釋、反對任何事先的確定性。法國的哲學家德里達在晚年的時候不斷地討論「事先的信號」，在其後期的哲學當中他提到，人

如果討論確定性、討論價值，需要一個前提，就是排除任何一種「事先的信號」。我認為這一點是整個當代世界宗教對話、文明對話、文化對話的一個最根本的精神基礎。

講到這裡，想到在前文所提及的德國的神學家漢斯坤有一句名言：「這個世界如果沒有宗教的和平就不會有世界的和平；如果沒有宗教的對話就不可能有宗教的和平。」所以宗教的對話是如此之重要，它對世界文明的衝突可能是沒有辦法排解的，但如果有排解的可能也只能是通過宗教的交談。他說的宗教也包括文化間的、意識形態間的交談。如果說把德里達的觀點補充進去，把這些scripture reasoning的學者的嘗試補充進去，那麼這樣的宗教對話、這樣的文化間的對話的前提應該是消除對自己身分、立場的過度執著，一旦消除，對話才成為可能，這才是對話的一種最根本的精神基礎。

接下來我要講第三個問題，主要有三個關鍵字。第一個是跨信仰的對話——interfaith dialogue，interreligious dialogue或是interculture dialogue，這是當今世界普遍討論的話題。在這些討論當中，有三個概念值得重視，第一個是所謂「身分的政治」，價值的出發點往往是我們自以為的身分所決定的，身分使我們得到一種「事先的信號」，事先的規定性；第二個是之前所提到的「破執」；第三個又是一個跟佛家的概念有關的，叫作「空空」，把「空」也「空」掉，在英文裡有一個很有趣的表達，叫作double negation of emptiness——對「空」的雙重否定。

在這三個關鍵字的背景下，我舉幾個有趣的例子。有一些人做了關於宗教對話的有趣嘗試。有兩位當今世界聞名的神學家，大衛和付米德，他們要在佛教和基督教之間進行深層的對話，他們對話的主題

很相近，但對話的原則和對話的結果卻很不相同。付米德主要研究佛教和基督教之間有什麼不同，主要是從基督教的角度讀解佛教，在他看來，佛教的一個基本的命題就是，如果你不打坐的話，你是沒有辦法改變這個世界的；而基督教的主題是，如果你不改變世界的話，你是沒有辦法打坐的。這樣的一種理解讓佛教徒很不服氣，認為這只是一個基督教的神學家對佛教的一種理解而已。

大衛採取的辦法與付米德不同，他更多的是通過佛教的思想重新來解釋自己的傳統，解釋基督教的神學。有意思的是他把西方非常經典的那句蘇格拉底的名言用東方的資源做了一個修正。東方有一句佛教的箴言：「沒有經過生活的生活根本不值得思考。」他認為這對西方的思維來說是一個巨大的挑戰和巨大的啟發。實際上大衛認為，整個宗教其實都是可以互讀的，東方人可以用東方的傳統去解讀西方的宗教，西方的人當然也可以用西方的傳統來理解東方的宗教。這種討論最後歸向的是同樣的問題，而不是對對方的一種強加。怎麼樣歸向一個同樣的問題呢？他說，最終現在的宗教通向的都應該不是自我，而是真寂。自我是我們自己對自己信仰的一種理解，但是最終要從自我中心轉向以真寂為中心。真寂是佛教的一個說法，英文裡面用了一個基督教的說法，叫作終極。西方有很多哲學家討論過終極的問題，看到的「真」不是「真」，哲學與神學討論的「真」不是這個層次上的。法國著名的哲學家拉康用了一個概念叫作the Real，這個大寫的Real，和我們說的小寫的real或者小寫的reality是不一樣的。用真寂所區別的是我們以為我們把握到的「真」和「真」最本真的東西、最核心的東西，比真實還要真的東西是什麼。所以如果從自我轉向真寂，那麼問題就全變了，他們的討論實際上是對自我身分過度執著的一種

消解。討論價值問題，是通過不同的他者來共同討論的，而不是從我一個人的身分出發，以我一個人的價值來進行的解釋。所以如果按照這樣的一種理解，大衛有一段非常有意思的描述，他所理解的這些完全不同的宗教，從意義上來說對基督教都是有價值的。比如他提到，佛教的教義最根本的是在於空，印度教的教義最根本的是對反我一體的徹悟，大乘佛教更多講的是普度眾生、悲天憫人，希臘的宗教、羅馬的宗教、孔子代表的儒教，側重的是對我們和群體之間的、以社會秩序為中介的一種關聯，這種關聯的中介就是秩序，而道教和一些原始宗教最重要的貢獻是探討人和宇宙眾生之間的一種關係，猶太教強調更多的是把上帝的律法作為道德的一種標準和指引，基督教認為最重要的是信、望、愛，所謂的「三德」就是信仰、希望、愛人如己，這些也可以有不同的指向，猶太教、伊斯蘭教共出一個宗教河系，這是一種先知的宗教，因為他們都有先知，指向的是政治責任、歷史責任等。

總之，所有的宗教都有自己的特點，都有別人不及之處，但是在當今世界，無論哪一種宗教、哪一種傳統，都是要以自我為中心轉向以真寂為中心。只有如此，宗教的理解才能有一種公共的地位，而不是一個群體的理解，一個狹隘的身分和立場帶來的理解。如果不能有這樣的理解，不能有這種公共性的話，局限於信仰封閉的群體、局限於某一種信仰立場、局限於某一個宗教信仰的個體性，那麼所有的對話其實都沒有意義，都是無效的，都是不可能真正完成的。所以說到底，如果這樣去理解宗教的話，把宗教從個人、從身分轉向真寂的話，最基本的指向就是佛教所說的破執——破除自己對自己的過度執著。因此，大衛所討論的佛教與基督教的對話，和付米德的完全不一

樣，他根本不會去糾纏誰打坐、誰要改變世界，他覺得問題的重點不在此。在他看來，每一種宗教可能都是通過不同的途徑找到最後的真寂，而且也都有可能找到。所以他認為在宗教經典中，印度教的薄伽梵歌裡面有一種非常深刻的宗教內容，沒有任何基督教經典能與之相比，中國的王陽明的著作裡面也是把儒家學說的很多最精彩的東西關聯在一起，可能是世界上所有宗教當中的一種神祕的政治模式的最佳範例。

接下來我要舉的是一個東方人的例子。這個例子中國學界比較罕見。日本有一位名叫阿部正雄的學者，他在哈佛大學工作多年，英語非常好，能夠非常熟悉地用西方的概念系統去討論佛教的思想，很多西方著名的神學家都與他對過話。在對話中，他始終堅持佛教的立場，但是在用佛教的立場跟西方人討論這些問題的時候，有一個最好的基礎就是「空」，「空」可以把世界各種宗教整合起來，而且提供一個適當的原則，而且又不損傷各自的特性，這顯然是出自佛教，但這又不是執著於佛教的立場。對此，他也有所限定，如果「空」可以得到恰當的重新詮釋的話，「空」是能夠作為所有宗教對話的基礎的。什麼是恰當的重新詮釋呢？佛教裡有一個比較重要的概念叫作「不二」，阿部正雄理解為「非二元的『一』」，只有這樣翻譯才會和西方一神論中的「一」相互區別，另外，阿部正雄認為佛教裡有一個概念非常重要，叫作「無共名」，這裡的「名」他認為應該是命名者，因此也就消解了主體，消解了身分和立場。另外，佛教還講「空」，非空非不空，對「空」要有兩次否定，所以阿部正雄理解的佛教的「空」，是一個動態的行為，而不是一個事實。

這裡就和基督教的概念有極其有趣的關聯。基督教在講「空」的

時候，是「清空」。

　　在《聖經》裡面的《腓利比書》有一個有趣的概念，被基督教翻譯成「虛己」。按照《聖經》的說法，不是人要空掉自己，而是上帝本身也把自己空掉。有句話叫作「虛心的人有福」，「虛心」在中文裡面是謙虛的意思，但在《聖經》中就有很大的誤解，在《聖經》裡是指那些靈性上、精神上貧瘠的人有福，認為自己不行、承認自己不行是前提。人最大的罪是靈性上、精神上的驕傲，所以基督教講上帝祝福的是那些靈性上貧窮的人。所以靈性上貧窮翻譯成中文「虛心」是有問題的，兩個概念是不一樣的，儘管字面上有所關聯。

　　所以以阿部正雄的例子來看的話，東方的佛教的學者當他將自己的資源與基督教神學對話的時候，和西方的基督教學者他們對自己執著的傳統產生的質疑是非常接近的，他們得到的結論也非常接近。這兩種理解都是針對一種身分、針對一種主體、針對個別出發點的一種質疑，有了這些他們覺得所有的討論才能成立，才會有真正的存在的基礎。

　　回到基督教神學，我們會發現，按照基督教一種最基本的理解，《聖經》本身就是一種翻譯，沒有任何一句話是用耶穌的母語寫成的，所以所謂的母語在基督教的觀念裡是根本不成立的。因此西方人按照他們關於宗教的研究來說，基督教與其他宗教最大的區別是它的可翻譯性。如果仔細查閱《聖經》，裡面有幾句話是用耶穌的母語來講說的，但是是音譯的，且加有括弧標注意思。聽起來似乎很荒誕，耶穌沒有用母語說過話，人們從這中間似乎得到了一種可能的暗示，即沒有哪一種東西是母語的掌握者，所以《聖經》也沒有最終的意義，也不是最終的解釋者。按照基督教的說法，《聖經》只是「人言」

而已，它真正要表達的意涵是言語沒有辦法表達的。現代的神學有很多就是在這個基礎上進行討論的。有一個詞語，被翻譯為「詮釋學」，西方人認為它的詞根「赫爾墨斯」，是西方神話裡的一個信使，他的使命是給芸芸眾生傳達神的資訊，再把神的崇高的資訊傳達給一般人。按照詮釋學的觀點，沒有哪一種神聖的資訊能夠被完整地、如實地傳達給另外的一群人。這種觀念源於基督教傳統當中的另一個詞，翻譯叫作「聖經學」，最早就是對《聖經》的文本解釋。在解釋當中，人們試圖理解《聖經》裡面包含的那些神聖的意義。什麼人能夠理解？也就是那些研習神學的人。他們自知自己的能力是很有限的，《聖經》的文本說到底也不是神聖的文本，也是用人的語言來表達的。前幾年有一位去世的天主教的教宗，他曾坦言，《聖經》說到底是用人的語言來表達人所希望留下來的神聖的語言，神聖的語言如果是用人的語言來表達的話，就必須接受人的語言的規則，同時也必須接受人的語言的限制，因為它是用一個非常有限的工具來表達一個無限的東西，表達在絕對意義上不可能表達的東西。

這就是《聖經》的特點，在西方的宗教傳統中，他們認為已經暗示給人們——它的東西沒有母語，它的東西都是可以翻譯的。在這個意義上講，《聖經》的原文是什麼？在詮釋學的意義上來說，它是沒有原文的。原文就是神聖的道，但沒有人看過神聖的道，也沒有人直接接觸過神聖的道。所以在《聖經》的歷史上，在基督教神學詮釋學的觀念當中，沒有一個詮釋者是一個針對著原本的詮釋者的，它能針對的只是人的語言，一個非常有限的文本。所以用希伯來文的《聖經》，用希臘文的《聖經》，用拉丁文的《聖經》，或者用翻譯成中文的《聖經》，在根本的原則上，在邏輯上都是沒有差別的，因為它們

都是翻譯的結果。在這個意義上，母語是不存在的。因此，所有的經文閱讀，這樣的一些神學的原則，就被神學家認為這本來就體現在《聖經》的形式當中。所以嚴格意義來講，沒有一個人能夠確切地相信自己所理解的信仰，沒有一個人可以把自己所理解的信仰當成絕對的真理傳達給其他人，留給這個世界。因此，所有的信仰只是對信仰的追逐和尋求而已。

下面我講一個實際的例子。為什麼說基督教的邏輯其實是一個「不能」的邏輯？從根本上講，他們要做的事情是不可能完成的，他們要傳達的意義是人不能把握的，要解釋的文本是根本不存在的，要獲得的可能性也是不可能的可能性。我印象較深的是在二○○三年第二次伊拉克戰爭期間，在美國飛機開始轟炸伊拉克的時候，美國的一個國際教堂向全世界布道，神父講到「虛心的人有福」。他講到，其實美國人都認為美國是世界價值的承擔者，是現在的民主觀念的推行者，是要把現代化和西方化同時帶給世界人民的角色。但是在這個過程當中，American就變成了Ameri can——美國人「能」，而基督教的基本信念是「不能」，只有絕對的他者「能」。所以通過宗教對談，前面所提到的他們要凸顯的是在對談的所有各方當中，沒有最後的解釋者，但通過對談，通過文本的閱讀，人們意識到，可能在我們對談的各方之上，還有一個更高的他者，如果沒有高於我們的另一方，那可能在尋求的「真」之上，還有一個「真寂」本身。這就是當今美國的悲劇。

在那樣的日子裡，一個美國的神職人員居然在全世界可以轉播的電視節目裡布道這樣的言論，我覺得非常不簡單。美國人的民族情緒其實是非常強烈的，而一個神職人員所想到的「我不能」，在神學傳

統上卻是歷來如此。如果再往前推，第二次世界大戰的時候，希特勒採用非常殘酷的種族屠殺的政策時，他的霸權政策得到了當時大部分德國教會的支持，但也有一些持反對意見的神學家站了出來，其中就有一位標誌著現代神學起點的神學家，叫作卡爾巴特，他的一個基本的命題就是神學家還在，不能做一個僭越者。一個人間的君主不是一個價值的代表者，不能以神聖的名義，以真理的名義去扼殺別人。神學家不容一個世俗之人代表「真」本身，這就是神學家的責任。

所以，以上所有講到的內容，從文明的稱呼，到後來宗教的對談、文化的對話、經文的辯讀，一直到佛教、基督教互相解釋對方不同的宗教傳統等，在所有的過程當中，我覺得最有意思的思想者，其實都是破執的思想——破執我們各種各樣的身分、立場，各種各樣事先的信號、確定性。如果沒有這樣的前提的話，所有的真正的對話都是不可能存在的，價值真正的共融也是不可能的。

最後，我想以一個故事作為我的結尾。這個故事講的是德國一個很有名的理論家、戲劇家，他叫萊辛，他寫了一個非常有名的話劇，叫作《智者納坦》，其中有一個故事叫作「三個指環」。講了一個父親有一枚魔戒，誰擁有這個魔戒，誰就可以擁有上帝和所有人的愛。這個父親在去世的時候把魔戒傳給了他的孩子，但是他有三個兒子卻只有一枚魔戒。他的父親只好找來工匠打造了另外兩枚一模一樣的魔戒。魔戒打造得非常好以至於這位父親也不知道哪一顆是真哪一顆是假。他把魔戒放到一起，把三個兒子分別找來給他們每人一枚魔戒，父親心裡很坦然，因為他不知道真假，所以心裡沒有偏向。三個兒子都很高興，都以為自己拿到的是真正的魔戒，但是後來這位父親死了以後，他的兒子慢慢知道了原來另外兩位兄弟都有魔戒，於是互相心

裡不服都認為另外的人拿的是假的，自己的才是真的。爭執不休之後只好一塊兒來到法庭打官司。法官說，分辨魔戒的真假關鍵不在於它的質地，不在於它的材料，不在於它的工藝，而在於究竟誰能得到上帝和所有人的愛這種品質。如果這三個人都能得到上帝的愛，也可能三個戒指都是真的；如果都得不到的，也可能都是假的。所以這裡面的真和假已經不是魔戒的問題，而是魔戒所預期的人的一種品質。法官啟發他們的是，魔戒真正的性質不是占有，而是給予。因為要得到上帝的愛、所有人的愛，不能給予的話，又怎麼能指望所有人的愛呢？所以最後法官對他們說，真正的魔戒是無法得到證明的，就像我們現在的信仰無法得到真正的證明一樣。但是另一方面，法官又說，你們三個人都應該確信你們的魔戒是真的，這樣的話，每個人就要去爭取和表現魔戒所蘊含的愛，使它有可能成為真的。我覺得這是一個戲劇家所能講述的最有趣的也是最能發人深省的故事。

萊辛去世五十多年之後，有個人寫了一篇長文《論萊辛》，寫這篇文章的不是一個文學家，而是一個神學家，他是戈特霍爾德·埃夫萊姆·萊辛。在文章中他非常詳細地講述了三個魔戒的故事，最後他引用了萊辛的名言作為這篇長文的結尾，講到一個人的價值並非來自掌握，或者妄自以為掌握的『真』，而是來自為探索『真』而付出的真誠的努力，占有真理只會使人靜止、怠步、驕傲，這是靈性的驕傲。所以他說，假如上帝的右手握著真理，左手握著不斷躁動的追求真理的衝動，我會恭順地撲向他的左手，然後對上帝說，上帝啊你還是拿著你的真理吧，因為只有你才能占有它，我根本不想占有。

因此，所有的討論，所有的參與的過程，就是破執。一旦有了這樣的前提，會發現世界完全敞開了，所有的對話才成為可能。否則就

像歷史重演了這麼多年一樣，所有的文明的衝突，是不可能得到解決的。今天我就講到這裡，謝謝！

2008年於華中科技大學演講

周小香根據錄音整理

從沈從文的《邊城》看現代作家的民族想像與國家認同

劉洪濤　北京師範大學文學院教授

　　很高興有這次機會跟大家一起交流關於沈從文《邊城》這部作品的問題，《邊城》是一本比較通俗的、廣受讀者歡迎的一部作品，而民族想像與國家認同是一個看起來很嚴肅的甚至有一些沉重的話題，事實上呢，我原來的這個題目，叫《邊城、牧歌與中國形象》。後來我考慮到，只局限在《邊城》這部作品的話，對大家來說，能夠接受或者說能夠欣賞的人可能會有限，所以我試圖把這個範圍擴大一些，擴大到類似的問題，擴大到整個現代文學。事實上，華中科技大學的同學們對人文學科有著非常強烈的求知欲和非常豐富的知識及極大的興趣，所以我主要圍繞《邊城》來講牧歌與中國形象，但是，我重點還是圍繞著《邊城》這部作品，捎帶著把這個作品中與民族想像和國家認同相關的背景給大家做一些次要的介紹。

　　《邊城》是現代著名作家沈從文的代表作，這部作品被節選收入中國語文教材中，所以這個作品的受眾應該是非常大的，同時，它在文學史上的地位也非常高，應該可以說它是現代文學史上最優秀的作品之一。一九九九年，香港有名雜誌《亞洲週刊》推出了「二十世紀中文小說一百強」排行榜，這個排行榜的結果是對整個二十世紀全世界範圍內用中文寫作的小說進行排行的，它不僅包括中國內地的小說，也包括香港地區、臺灣地區的小說，還包括海外華人作家的作

品，從中遴選一百部作品。第一名，是魯迅的小說集《吶喊》，第二名，就是沈從文的《邊城》，但是在我們看來這個排名是不是有點不公平，魯迅以一部小說集入選，其他作家推出的作品都是以單部的小說入選，所以如果說考慮到以單篇小說來計的話，沈從文的《邊城》就會排到第一。

二十世紀末，有很多這種對二十世紀中國作家進行排名的類似的排行榜，沈從文都在第二、第三名之間。這可以看出沈從文就是這樣的一位作家，他已經成了一個大師，那麼這部作品就是他最優秀的作品之一，其地位是極高的。對大家來說，這部作品應該是比較熟悉的，它敘述的是一個簡單的故事，故事發生的地點就是我們這所學校所在地的鄰居湖南，在湖南湘西一個叫茶峒的小鄉鎮，為什麼叫「邊城」呢？是因為它位於湖南、貴州、四川三省的交界，但按現在更準確的說法，應該是兩省一市的交界。因為交通閉塞、與世隔絕，它一切的故事就發生在邊城這樣的一個背景裡面。在茶峒城外有一條小河，沒有橋，需要擺渡才能過河，負責渡船的是一個老船夫，他有一個外甥女叫翠翠，天真、活潑、可愛，城裡有個商家，是船運行業的老總，叫順順，順順有兩個兒子，老大叫天保，老二叫儺送，順順家業大，兩個兒子都是他的好幫手，他們經常押船到下游去出貨或者到上行去採購。天保和儺送這兩個孩子同時愛上了渡船老人的外甥女翠翠，而翠翠只愛儺送，順順作為爸爸當然要對孩子的婚事有所選擇，他希望天保娶翠翠，而想讓老二儺送與當地一個團總的女兒結婚，儺送不願意，兄弟二人也知道他們倆同時愛上了翠翠，然後就商量了解決辦法。怎麼辦呢？他們決定公平競爭，兩人約好在月明之夜站在河的對岸，對翠翠唱山歌，誰得到了翠翠的應答誰就算贏，儺送是當地

唱歌的好手，他一張嘴，他哥哥就自知不是對手，承認失敗又不甘心，一氣之下就沿著沅江到下游出貨去了，船在激流險惡的清浪灘觸礁沉沒，天保落水沒有了下落，儺送聞訊沿途尋找，他一去也沒有了消息。因為翠翠的父母早早自殺去世，所以她的爺爺非常希望自己的孫女有個歸宿，爺爺對於兩個候選人沒有異議，但是這兩個候選人一個死去不見屍首，一個失去了下落，結果爺爺憂鬱成疾在一個雷雨之夜去世了，翠翠成了一個孤女。而順順經歷這一場變故有所悔悟，他想把翠翠接到家裡去，承認她和老二的戀愛關係，等儺送回來以後再完婚，翠翠沒有答應，而是由她爺爺當時的一個老朋友楊馬兵照看，還住在原來的地方。翠翠唯一的希望是儺送，而儺送什麼時候回來呢？小說裡是這樣說的：「這個人也許永遠不回來，也許明天回來。」小說就這樣結束了。

這部小說聽起來是一個老而又老的三角戀愛的愛情故事，但這樣的一個故事好在哪裡？它的藝術獨創性又在哪裡呢？我把它概括為兩個方面：首先，它提供了一個現代詩學的重要範疇叫牧歌，牧歌大家已經聽說很多了，它與田園詩、田園風光是相關的，而這部作品常常讓人想起田園牧歌，這樣的一個範疇，豐富和提升了中國詩化小說的內涵；其次，它的意義是繼魯迅的《阿Q正傳》之後重塑了中國形象，阿Q是未莊的一個無業遊民，魯迅通過塑造這個形象提出了非常尖銳的改造國民性的問題，中國國民性的積弱、愚昧、落後等特點極需要改造，魯迅其他作品都是圍繞著改造國民性展開的。將魯迅的《阿Q正傳》與《邊城》進行比較，可見兩者的差異是如此之大，他們都涉及中國形象的問題，但一個是否定意義上的中國形象，一個是詩化的、詩意的中國形象，一個是醜的一個是美的，差異非常之大，

為什麼有這麼大的差異出現是我們探討的重點之一，而牧歌與中國形象實際上是互為表裡的，它為後發國家，也就是第三世界國家，像中國這樣的國家被動地回應現代化提供了一種經典的樣式和文學的表達。而進一步分析原因可知，《邊城》是近現代以來文化守成主義的代表作之一，守成主義有時可譯為保守主義，是以梁啟超、康有為、梁漱溟，還有像甲寅派這樣的一批現代學者為代表的文化守成主義思潮在文學上的一種表達，而它作為這樣的一種提煉，《邊城》的文本本身存在著深刻的破綻，並且有移用異族資源文化的問題，我做研究常常喜歡找文本中的破綻，它常常被異質性的東西給修補或者說給遮蔽了，如《邊城》借用了苗族的文化，但其本身卻對苗族一言不發從而將苗族遮蔽了，這是現代文學史上一個重大的命題，這是它的意義。我們圍繞這兩點來理解邊城，那我們可以看到，在一個輕鬆的故事背後談到的卻是一個嚴肅的問題。

現在大家對於國家認同、民族認同、中國形象這樣的概念都已經非常熟悉，它對於我們來說是一個常識問題，但是在現代歷史時期，這是一個很重要、很重大的問題，尤其是對沈從文來說。因為自大清帝國崩潰以後，有一個從封建國家向現代民族國家過渡的問題，大家都只知道在清朝時是滿族人當政的，進入民國以後漢族成為國家的主體，這裡有一個轉變的問題，尤其是沈從文寫的湘西，它還有苗族的問題。實際上，在《邊城》的文本分析裡邊，這些問題都很深刻地反映出來了，對沈從文自身來講也是如此，沈從文從創作開始到一九四九年創作結束，他的整個創作過程本身就貫穿了對中華民族、中國形象的塑造和對中華民族的認同問題，他和他的作品都是如此。下面我們就圍繞著這兩個問題來展開。

我把《邊城》作為塑造詩化的、美的中國形象的一個範本，而它能做到這一點，與它的牧歌屬性和樂園圖式有密切的關係。牧歌的英語是「pastorol」，其在西方是一個有悠久歷史的文類，在古希臘期間就已經存在了，而中國沒有這個文類，但中國有田園詩像陶淵明、范成大等的詩歌，中國的田園詩與西方的牧歌概念有相似之處。牧歌一詞常常和情調、氣息搭配，來表述那些回避現實矛盾、抒情氣息濃郁的鄉土文學作品，主要是做一個印象性的描述，劉西渭、汪偉、夏志清等人都曾將《邊城》放在牧歌的概念下加以理解，雖然他們的側重點各不相同。在中國現代文學的範疇中，田園小說和牧歌在內涵和外延上是有交叉的，但又有很大的不同，田園小說是一個帶有濃郁本土傳統色彩的概念，它的意義主要在於對於文類進行甄別和劃分，並且來修復和傳統文學的關係，很多現代作家強調現代文學與傳統的斷裂，而田園小說則把這種斷裂修復了；而牧歌主要是指以理想化的筆墨處理鄉土題材的作品，這種作品能反映它本質特徵中的抒情傾向和品格，所以我們用牧歌一詞來概括它。牧歌在田園小說中有突出的表現但又不受這種文類的限制，牧歌是一個有濃郁西方背景的概念，不像田園小說有中國傳統文化的背景，牧歌與田園小說相比，實際上更適合用在概括中國現代文學，從而更能反映中國現代文學鄉土抒情的本質，揭示這種抒情品格的源泉和意義。這是我對這兩個概念所做的一個區分，所以我用的是牧歌這樣的一個概念而不是田園小說。

　　當我們把目光移出文類的界限而在一個更廣闊的背景上來審視中國現代文學乃至中國當代文學的時候，一個牧歌的抒情線索就呈現出來了。牧歌這個線索最早可歸根到五四的鄉土文學，像魯迅的《故鄉》以及周作人回憶故鄉的一些散文，他們以一種濃郁的抒情筆調寫

鄉土，可以歸到傳統文學之中，還有廢名的一些小說，這些都表達了作家對地方傳統文化和習俗的眷戀和依賴。進入到二十世紀三〇年代，一批京派作家以流派的規模對鄉土做出了詩意的闡釋，他們寫鄉愁、挖掘傳統意象、對原始人性進行塑造等，在這些方面，京派小說有很好的建樹，比如何其芳、李廣田、蘆焚等人的作品，尤其是沈從文，他把牧歌這種鄉土抒情的方式推向了高峰。而在二十世紀三〇年代的京派時期，牧歌還在汪曾祺、孫犁、周立波、何立偉、賈平凹這些作家的作品中延續著，一直延續到當代，建立了這樣的一個傳統。站在二十世紀文學這樣一個更廣闊的背景中來看，牧歌超越了具體的作家作品的制約，代表了中國現代作家對鄉土和家園的一種守望，對民族身分的一種追尋，對民族形象一種詩性的想像，哈佛大學著名教授王德威有一本書叫《想像中國的方法》，講述的就是如何去想像中國，想像中國是中國現代、當代文學史上很重要的一個命題，即如何去描述中國形象。現在我們經常說西方人在妖魔化中國，實際上不完全是，在二十世紀三〇年代著名的美國作家賽珍珠便是寫中國的，她因為寫中國而獲得了諾貝爾文學獎，實際上她描繪的就是一種詩化的中國形象，這點和沈從文的《邊城》是有一致性的。以上是我把《邊城》的背景、來龍去脈跟大家做的一點描述。

　　沈從文曾說：「我準備創造一點純粹的詩，完美的愛情生活並不能調整我的生命，還要用一種溫柔的筆調來寫愛情，寫那種與我目前生活完全相反的、然而與我過去情感又十分接近的牧歌，方渴望使生命得到平衡。」他說的這番話就是他寫《邊城》的一個動機。總體而言，《邊城》還是一首牧歌，為什麼稱它為牧歌，因為牧歌與現實生活是遠離的，它是一種理想化的生活，跟現代中國肯定不一樣。那麼

如何在那樣的背景下寫出這樣一首牧歌？首先必須在空間上和時間上作一些調整，不能寫現實，它在時間上要回到過去，空間上要走到異域，不能寫北京，因為北京就在身邊，不能寫城市，因為城市也是現實生活的一部分，所以沈從文就將《邊城》的背景歸納到民國初年，但這裡其實也是有破綻的，大家仔細看一下這部作品從時間上他沒說清楚的那個時間實際上是二十世紀三〇年代初，但總的來說他將時間設置在過去，在空間上他設置在一個偏僻的地方，只有在過去、在很偏僻的地方他才能構築一個牧歌、一個樂園圖式，這和人類的文化體驗是一致的。我們描寫一種理想化的生活時，不是在未來便是在過去，而不會是在現在，古希臘神話將時代分為黃金時代、白銀時代、青銅時代和黑鐵時代，好的時代都是在過去的，中國文化中也有類似的說法，如桃花源、《詩經》中的「世彼樂土」等，它實際上都不是在當前而是在異域或者過去，所以說這是符合人類體驗的，不管中國還是西方都是如此。所以《邊城》在時間和空間的設置上都是有講究的，它不會是在當下、當前，或者是在他生活的環境裡，這是他建構牧歌圖示的一個方式，即時間上的過去、空間上的異域。

另外，他之所以把邊城寫得那麼美，實際上是因為他的樂園構想正如沈從文本身說的他要表現一個「優美、健康、自然又不悖人性的一種人生形式」。所以這種樂園構想是建立在人性善的基礎之上的，人心善可以投射到人物性格、人物關係、茶峒的社會與習俗，甚至自然環境等諸多的方面，比如說勤勞、善良、敦厚、集中國諸多傳統美德的渡船老人，對於別人為了感謝他辛苦工作而贈送的財物他一概不收，不得已一定要收的時候，他一定會把自己的東西送給別人，這樣一個老人，他代表了人性善的一切傳統的美德；而翠翠，乖巧、心

善、勤快，是她爺爺的好幫手；順順呢，是當地一個有頭有臉有身分的人，他仗義疏財、扶貧濟困，也是深受當地人尊敬的一個人，這些人都是具有傳統美德的人。沈從文在描寫牧歌、建構樂園圖式的時候還不滿足於此，他不將這種美德寫成個人修養的結果，而是當地的風尚習俗使然，包括他寫當地的妓女，和城裡的妓女也不一樣，當地的妓女有時甚至不要客人的錢，而是對特定的對象特別忠誠，即使是極端的情形，沈從文也力圖從美德的角度去描寫它，以力圖理想化。包括當地政府，也極力維持這樣一種人性善良、擁有美德的秩序，這裡地小事少、處置得法，一切安心平和、井然有序，這樣的情形正如我前面提到的評論家劉西渭的一句話：「這些可愛的人物各自有一個厚德然而簡單的靈魂，生棲在田野純然的空氣，他們心口相印、思想行為一致，他們是壯實的、敦厚的然而是向上的情感，掙扎而且克服了私欲的情感，他們對於生活沒有過分的奢望，他們的心地都用在別人身上，極力成人之美。」這個概括很準確，《邊城》裡面都是這樣美麗、善良的人，都具有善的美德，這是他建構牧歌圖式、樂園圖式的第二點。還有一點，沈從文除了對《邊城》人和風俗善的一面濃墨重彩以外，還處處展示邊城人詩意的品格，即我們所說的真善美，真、善、美這三者是有區別的，善主要是道德修為，美與善不同，沈從文除了展現邊城人善的一面以外，還力圖展現邊城人詩性美的一面，所謂詩性是一種超功利性、非社會學、自然性的一種屬性，與詩性相對應的是世俗、功利務實，它代表了人生的兩種方面，代表了社會的兩種價值取向，在沈從文的《邊城》中，強調詩性的東西比強調善的東西更加充分，比如渡船老人，他在年輕的時候會唱山歌、會吹笛子，是一個多才多藝的人，文中多處提到他在夜晚繁星下給翠翠唱山歌，

既浸潤了翠翠的心也感染了讀者；渡船老人不但善，做人還異常認真，認真到一種不近情理的地步，即使在物質十分貧乏的狀況下也保持了自己的本色平和，享受自己分內的生活，給人以詩性的感受；渡船老人的詩性還表現在人物的對話上，蘇雪林在其所寫的《沈從文傳》中便很敏銳地談到了這個問題。詩性與現實並不矛盾，只有詩性的東西是不現實的，而現實中應當注入一些詩性的東西，世事練達的人一般可在其身上看到這兩種價值觀。

《邊城》的詩性表現在對自然之美、山水靈秀的描述中，小說中的詩性造型加上自然之美給人一種美不勝收之感，有一位評論家將《邊城》之美描繪成一幅山水畫的結構，其實《邊城》正像是一幅煙雨朦朧、意境優美的水墨畫，對自然美的展示、詩性人以及人性善的描寫這三者之間是一個相互烘托、相輔相成的關係，這是他的樂園圖式。需要指出的是，實際上他對人性善、詩性美的表現有豐富的傳統文化的內涵，這與中國形象息息相關，突出表現在與儒家、道家的密切關係上。我們先來看儒家，《邊城》所處理的是一個愛情故事，不是情欲，一切都深合傳統道德，深合「發乎情止乎禮」的古訓，而儒家思想的核心是講道德倫理和善的東西，且強調現實生活的責任、處理好人際關係，《邊城》正是受著儒家思想的影響；而道家更不用說，詩性這些東西都可以歸根到道家老莊這脈的影響。《邊城》總體的風格是精緻的、典雅的、敦厚的東西，在這部作品裡浸潤著古典文化意象的東西紛至沓來，如白塔、竹林、小溪、渡船⋯⋯這些意象構成了一幅絕妙的山水畫，它的意境流露著風致、典雅、清麗、圓潤的古典美，實際上就是唐詩宋詞的那種意境，山水畫的意境，我想大家讀作品都能感受到這一點，總體來說，《邊城》深受儒家、道家的影

響。《邊城》有什麼意義呢？沈成文原來不是這麼寫湘西的，他在二十世紀三〇年代以前的作品，所寫和讚美的，是無拘無束的原始性愛，如《采蕨》、《神烏之愛》等，這樣的作品都是描寫帶有原始野性的、赤裸裸的性愛：山坡上的野合、山洞裡的奸屍，這些作品和《邊城》有著巨大的差距。後來，從一九三一年的夏天沈從文前往青島開始，他的作品風格就慢慢發生變化了，到青島以後的作品，像《八駿圖》、《月下小景》、《若沫醫生》，這些作品中情欲開始接受考驗和約束，但他仍然在寫情欲，《八駿圖》寫的就是一段精神煉獄的寫照，裡面的情欲和理性道德構成了尖銳的衝突，這與沈從文個人的人生經歷有關，與他從北京到青島由自由作家到大學教授身分的轉變，以及個人感情生活的影響都有一定的關係。所以他在《邊城》中構建的是一種摒棄情欲的愛情，沒有了隨意的野合和毫無擔待的不負責任，而是對社會責任的一種追求，是以婚姻和家庭為最後歸宿的，婚後兩性遊戲沒有了，放肆的調情打趣也消失了，這種變化是非常大的，所以我剛說《邊城》處理的是愛情而非情欲，一切都合乎傳統道德，沈從文變了，不僅是作品的風格變了，整個的趣味也變了，他開始跟傳統接軌，回到了儒家、道家的文化之中，而不是原始文化，這已經不再是湘西的文化了，雖然他還是以湘西的名義。所以我強調《邊城》裡的牧歌圖景放在沈從文整個創作歷程中來看有這樣的一個變化，這個變化是在向傳統回歸，有向傳統文化回歸的傾向。

這部小說還是一首挽歌，挽歌也是哀歌，就是憂鬱、蒼涼的東西，它是牧歌的一個組成部分，牧歌不純粹是寫鄉土喜樂的東西，不是純粹寫喜劇，牧歌本身就包含了悲劇的成分。西方牧歌中就常寫失戀、戀人的死亡、愛情的失意等，牧羊人還經常面臨現實的挫折，後

來牧歌還發展出了一個分支叫哀歌，哀歌的代表人物是英國十八世紀的詩人葛雷，他寫的墓園哀歌非常淒涼。總體來說牧歌具有哀歌的成分，正是憂傷使牧歌具有了更大的意義。《邊城》中牧歌哀傷的一面主要從三個方面呈現出來。《邊城》彌漫的是一種憂傷、淒婉的氣氛，電影《邊城》中便總是一種淡淡的、憂鬱的藍色，它的調子是低沉的、憂鬱的，挽歌第一個層面首先表現在現實因素對田園景觀的滲透和破壞，在小說裡面主要表現在碾坊所代表的金錢交換關係對純粹愛情的破壞，小說中翠翠和儺送相識兩年之後，碾坊介入了他們之間的關係，給兩人純粹的愛情關係抹上了一層陰影，第十章老人去看龍舟比賽，卻被一個熟人拉去欣賞一個新碾坊，這個熟人是有來歷的，他是替天保的親事來探老人的口風，探口風為什麼要選碾坊呢？熟人和老人都知道這個碾坊的分量，它正是熟人女兒嫁給儺送的陪嫁，所以熟人帶老人去看碾坊就是提醒老人不要阻止翠翠嫁給天保，熟人在整個對話中表現非常有分寸，合乎邏輯的推斷是他想借碾坊來打消翠翠和儺送相愛的念頭，他之所以找老人也是從包辦婚姻中有一定發言權考慮的，雖然老人內心未必沒有這種考量，但他只回答他做不了翠翠的主，事實上他也的確不想為難翠翠，這與他女兒的婚姻遭遇也有一定關係。這是一方面熟人借碾坊向翠翠的爺爺施壓，另一方面是在吊腳樓上，順順把翠翠和團總女兒都請到吊腳樓上看龍舟比賽，兩個女孩子都在看龍舟比賽，小說裡邊翠翠有一句話洩露了順順的心思：「團總的女兒占了一個最好的位置。」顯然最好的位置是留給他最欣賞的人，在小說中順順更喜歡儺送，為什麼喜歡儺送呢？因為他發現天保更像他，而儺送代表他的理想，所以他更喜歡老二，所以他希望他更喜歡的老二娶團總的女兒，所以他給團總的女兒安排了一個最好

的位置。小說裡邊碾坊多次出現，碾坊代表的是陪嫁，是赤裸裸的金錢交換關係，它對小說產生了重大的影響，從世俗的角度上看順順傾向於團總女兒是可以理解的，這是挽歌的一個層次，老人為了碾坊寢食不安，所以最後老人的去世表示了金錢現實關係的勝利，以及鄉土詩情在現實層面嚴重的順從。

挽歌的第二個層面表現在命運的層面，小說中一系列巧合和誤會構成了命運的呈現方式。從小說中來看現實的金錢關係對翠翠和儺送愛情的破壞實際上是有限的，翠翠的愛情萌發得非常爽快，翠翠與儺送一見鍾情，而老人對二人的愛情更是極力促成，兩人愛情最大的阻礙看似是順順，可小說中的順順也並非殘暴專制的家長，他的反對是有限的，態度並不十分堅決，所以從小說中來看，對於翠翠和儺送的愛情，並沒有過多人為的障礙。按理說，翠翠的愛情應該有個好的結局，但事情並沒有成功，我們在小說中可以發現，悲劇的發生是以一連串的誤會而開始的，首先是渡船老人與天保之間，天保唱歌敗北，他過渡口時老人以為優美的歌聲是出自天保之後，他恭維天保卻碰了一鼻子灰被天保給頂回去了；其次是爺爺和儺送之間的誤會，在天保之後，爺爺極力想促成翠翠與儺送的婚事，他們二人有一次在街上碰到，爺爺把話往婚事上引卻被儺送看作是做作，儺送有急事又要去渡口，老人再次迫不及待的談論此事，儺送認為老人曲曲彎彎、詞不達意，並認為是老人害死了天保；老人和順順也有誤會，本來順順對翠翠和儺送的婚事並不十分阻撓，但因天保的死亡、老人的過於熱切讓他對老人產生了反感，順順想起家裡一連串的變故就故意給老人一個硬釘子，老人在回來後遇到中介人又受到巨大打擊，於是在風雨交加的夜晚淒然過世。為了把翠翠送到幸福的彼岸，老人盡自己最大的力

量四處奔波穿針引線但誤會卻時時發生，導致了不幸的結局，是誤會導致了悲劇的結局。小說中為了促成這種誤會甚至不惜把人物的心智幼稚化，寫得跟孩子似的，並斷絕了人物之間可以通過言語交流釋疑的可能，而藉以維持誤會叢生的局面，小說中的話是詩意的話，而實際的話則很少，所以我們也可以看到詩性在處理現實問題中就出現問題了。因為誤會和巧合的發生，它就造成了天意和造化的一種顯性方式，渡船老人的行動是悲劇性的，每到關鍵的時候他的努力都被造化化解得乾乾淨淨，他越是急促，局勢就向預設的結局發展得越快，構成了一種震撼人心的力量，這是挽歌的第二個層面。

　　挽歌的第三個層面是翠翠父母的愛情和死亡。小說中並沒有直接描寫翠翠父母，而是通過回憶展示的，作者在交代翠翠身世的時候提到十五年以前老船夫的獨生女背著她爸爸和茶峒的一個軍人發生了曖昧關係，有了孩子以後軍人因名譽在身不願意逃跑，就服毒自殺了，女子在生下翠翠以後喝了很多涼水也自殺了，這個故事很簡單卻有很多問題。翠翠的爺爺守著這個祕密以為可以通過沉默來關住那個兇險的潘朵拉盒子。翠翠被儺送和天保同時追求的時候，翠翠只愛二佬就十分值得尋味，如果按現實功利的角度來看嫁給大佬也沒什麼不好，為什麼非儺送不可呢？對於翠翠來說愛情是有原則的，沒有商量的餘地，在這種情況下老人頻繁地想起了翠翠的母親，他有了不祥的預感，前世的孽緣要在今生報應，父母的孽緣要在兒女身上重演。老人想起了翠翠的母親，這對母女二人是如此相似，那麼剛烈的女子，不祥之感不停地襲來，所以爺爺開始向翠翠提起她的父母，希望引起翠翠的警覺。沈從文實際在這裡強調的是故事的預設性和先驗性，往事的記憶一次次地重現，實際對當下的結局起到一種匡範的作用。而且

隨著翠翠父母故事的一次次出現，死亡的陰影一次次濃厚起來，它顯示著故事中潛藏的危機和破壞，比如說翠翠做的幾次白日夢，還有爺爺在星空下的喟歎，直到那個暴雨雷鳴之夜，老人完全承受不了巨大的打擊撒手西去，這是命運具象化的一種表現形式。還有象徵的層面，《邊城》的挽歌有三個層面，即現實層面、命運層面還有象徵的層面，象徵的層面很簡單，就是裡面有桃花源的模式，陶淵明寫的桃花源就是在湘西，桃花源實際上是一種幻滅的悲劇，不可尋覓，還有《聖經》中的大洪水圖式，《邊城》中爺爺死去下起暴雨發洪水是有這種大洪水圖式在裡面的，沈從文借用了這樣的象徵圖式超越了此時此地的局限，具有了普遍的意味。所以讀《邊城》絕不會感到喜悅，而是一種憂傷，你會發現美得那麼精緻典雅的東西在消失，然後會有無可挽回的失落。

　　下面我們來講第三個問題，即文化隱喻。當邊城的牧歌框架指向文化隱喻的時候，詩意的中國形象就誕生了。這個形象不同於文學理論裡講的人物形象，翠翠的形象、天保的形象、渡船老人的形象、儺送的形象與此是不同的，這是一個比較文學裡的概念的一個人形象。

　　它不是指一個具象的人，而是一個文化符，所謂妖魔化中國，這個中國就是中國形象。而且中國形象是一個具有統攝意義的概念，它是整個中華民族在自我看法上的一種具象的表達。《邊城》的牧歌情調充分地展示了鄉土和傳統的詩意。《邊城》以最貼切和概括性的方式把二十世紀三〇年代泱泱大國、有悠久歷史的中國形象，凝聚成一種可感的藝術造型，這個形象是嶄新的，因為文壇被國民性話語、階級話語支配了多年之後，一個焦慮中的民族渴望借助文學的形式展現自己文化的魅力和生命力，《邊城》便應運而生。啟蒙話語強調的是

民族的落後、國民的積弱，在啟蒙話語下主流話語是對中國國民性、種的一種負面評價，需要引進西方的科學民主進行改造，只有以西方文明來改造，中華民族才能強大起來，啟蒙話語營造的就是這樣一個大的文化背景，所以魯迅的《阿Q正傳》以及他的小說才能大行其道，他對國民性採取的是一種負面的認識，這樣一種認識在短時間內是很有效的，他對五四新文化運動貢獻很大。但一個民族總是希望自己是優秀的民族，在這樣一種情況下《邊城》應運而生，他所塑造的是一個詩性的、美的中國形象，這種詩性的中國形象不是意味著他否定魯迅為代表的啟蒙話語中負面的中國形象，恰好是這兩種形象代表了二十世紀二、三〇年代中國完整的形象，中國是一個泱泱大國，它有苦難、有悲劇，但也有文化優勢，兩個形象合二為一，才是一個完整的中國形象，所以我說魯迅的《阿Q正傳》和沈從文的《邊城》是二十世紀二、三〇年代塑造中國形象最有代表性但文化隱喻完全相反的兩部作品，實際上已有學者從民族整體性的角度把這兩部作品做了一個比較，有位湘西學者的一段文字非常有代表性：「五四時代文化論戰中，討論國民性問題的時候就有一種傾向，把國民性等同於國民劣根性，魯迅先生寫的《阿Q正傳》最後把阿Q槍斃了，其文學象徵意義很清楚，就是要把中國人的國民性槍斃，讓脫胎換骨建立新的國民性，我認為國民性中不僅有劣根性的一面，還應該包括姑且稱為優根性的一面，沈從文的小說大約與魯迅同時代，不過一個寫浙東，一個寫湘西，在沈從文的小說中可以看到另一些中國人，他們非常安詳、和諧、善良，恰恰就沒有魯迅小說中劣根性的那些東西，把兩位文學大師的小說放在一起談，可以幫助我們得到國民性完整的形象。」這段話很有意思的地方就在於他提出了兩部作品都代表了中國

形象，但是兩個截然相反的中國形象，那麼《邊城》裡的詩性的中國形象只有放在這種背景裡才能夠真正地理解它的意義，這兩種中國形象產生都有它特定的文化背景，他們都依附於不同的知識體系，魯迅的《阿Q正傳》是啟蒙話語的傑作，沈從文的文化隱喻就要放到文化守成主義的思潮裡邊去加以理解。啟蒙話語和文化守成話語都是後發國家被動地回應現代化的兩種主要模式，美國漢學家艾凱給現代化下了一個定義：「現代化是指一個範圍集社會經濟、政治的一個過程，他的組織與制度的全體朝向使意識自然為目標的系統化、目標的理智化運作過程。」這段話最大的意義在於他剝離了西方現代化的概念和西方體驗，同時這個國家考慮了後發國家的因素，因此艾凱的現代化的定義用來解釋《邊城》的意義是非常有效的。以魯迅代表的啟蒙作家以改造國民性為己任，一路高歌猛進，創造了輝煌的五四新文學，他的《阿Q正傳》把負有這種使命的中國形象推到了極致，而被動現代化在非西方也激起了相反的文化守成主義的思潮，有眾多的知識精英為本土傳統文化做代言，維護、歌頌本土文化，他們不約而同地強調本土文化的優越性，而文化守成主義在文學上則表現在五四時期周作人、廢名的散文小說中，他們歌頌鄉土、歌頌文化，表現出對文化的依賴和眷戀，沈從文之後還有何其芳、卞之琳等人的詩歌和散文，把京派文學推到了高峰，他們的作品在很大程度上是歌頌鄉村、歌頌鄉土，還有一些新一代的作家如蘆焚、蕭乾等人，在沈從文寫《邊城》前後，有一批像沈從文的作家形成了一個與五四對立的歌頌鄉土詩意的風潮，而且有了很好的建樹，沈從文的《邊城》就是其中的代表，《邊城》的誕生不是孤立的，它是一個文化背景烘托出來的。

最後一個問題就是從《邊城》看後發國家的民族想像，這回到了

我們之前講述的問題，前者是一個鋪墊。《邊城》的文本存在一個破綻，破綻就是文本中殘忍現實因素的介入，沈從文雖力圖使它平淡化卻依然露出了許多破綻，沈從文沒有辦法把它徹底消解掉，實際上他掩蓋的結果加強了那股不和諧感，沈從文要寫一首牧歌，但現實環境又是很殘酷的，這是一個矛盾，這是一個問題。另一個問題是這部小說的牧歌屬性經常受到外界的懷疑，這部小說問世以後關於失真的指責一直沒有消失，說它掩蓋了現實矛盾，沒有反映二十世紀三〇年代中國兵荒馬亂、苦難深重的社會現實，外界指責他寫的是世外桃源。《邊城》的文本破綻與湘西和中國的現實情形之間有密切的關係，他提示了牧歌的現實資源是有限的，同時它也是沈從文創作中話語轉化留下的痕跡，它表明了牧歌話語的建構性和建構的過程。還有一個更重要的問題就是苗族的問題，小說裡涉及苗族習俗，苗族是開化的，為何翠翠的父母會自殺？這與苗族的背景有關，因為苗族與漢族結婚是沒有法律保障的，所生的孩子也沒有合法性，所以翠翠的父母先後自殺，苗族人當時在湘西是很沒有地位的，他們是被「同化」的對象。在一個苗族人口占有壓倒性優勢、苗族文化起支配地位的地方，苗族血統的作家沈從文卻不在文本中將苗族文化給一個祖屬層面的確認，也不給讀者一個說法，他借用了苗族的人物、背景、習俗卻不說他是苗族，他掩飾了苗族文化身分的一切身分，這又是為何？我們可以看到他匿名繼承了苗族文化的遺產，卻用整體中華民族的概念置換了苗族文化，他所採用的正是以地域性消解民族性，苗族的存在被忽略成為強調中華民族文化特異性策略的一個組成部分。苗族文化曾是沈從文創作的重要資源，他認識到湘西文化的核心在於苗族文化，有一段時間他一直強調湘西文化的獨立性以及其與漢文化的不同，沒有

苗族文化的存在沈從文構建的湘西文化就會土崩瓦解，但是當他需要表達中華民族聲音的時候，苗族被他劃歸成中華民族的組成部分，苗族的特色成了中華民族的特色，成了他強調中華民族文化特色的策略，中華民族形成了，中國形象也就形成了，他匿名借用了苗族文化來展現中華民族。另一個問題是它代表了沈從文個人創作的轉變，在其早期創作中他是將苗族當作異類來寫的，他作為他者描寫苗族，但在一九二八年至一九三一年前後，他開始以苗族人自居，像《龍珠》、《神鳥之愛》都是大張旗鼓寫苗族的，他從被禁到青島以後，就不再寫苗族，苗族被他遮蔽代之以民族內容，這一系列轉變說明了沈從文從一個苗族作家轉變成了一個中國作家、中國民族作家，說明他從一個地域性的作家皈依到中華民族的概念中，對中華民族的皈依感和認同感在不斷地加強，這在那個時代是十分具有意義的，沈從文的創作過程正是他逐漸地認同中華民族的過程，也是其建構中國形象的一個過程，這在中國現代文學史上是一個非常重大的問題，他將苗族文化融入整體的中華民族文化之中，這在當時是一個非常先進的理念，沈從文將這一文化史的重大命題非常有特色地體現出來了。

最後一點就是，後發國家的被動現代化過程中文學中的民族想像就是以這樣的形式走進了讀者的視野，它展現了永恆的困惑也開啟了無限的希望，因為它滿足了一個民族對自我認同的渴望，是可信而切題的。

2009年於華中科技大學演講
何丹根據錄音整理

《論語》與二十一世紀的人類文明

林安梧　臺灣師範大學國文系教授

　　今天，我想跟大家談談全世界全中國較著名的一部書——《論語》。這部書距離現在已經兩千多年了，孔老夫子生於西元前五五一年，如果這麼算的話，以孔老夫子降生的那一年做紀元元年，那麼今年應該是二五六〇年，比從耶穌降生那一年作為紀元早了五五一年。在人類文明裡，對於《論語》這部書，我們說它輝耀今古其實一點也不為過，但是它看起來好像很平常，並沒有特別地輝耀今古，因為它就在我們的日常生活中。《論語》是一部交談性的經典，它不是一個上帝、神所啟示的經典。交談的經典跟啟示性的經典最大的不同在於，交談的經典充滿了人間性，而啟示的經典是神聖性。但交談的經典並不意味著沒有神聖性，而是從人間性到神聖性有其連續性，也就是說從人間到神聖有不可分的關係，轉成另外一個哲學語彙來說，就是人這個血肉之軀雖然是有限的，但人卻是通向無限的。人類的幾個大文明中，唯獨我們中華文明這樣的一套思想是最完整的，也就是說人雖為有限但通向無限。中華文明到目前為止，這數千年來，可以說是歷久而不衰。現在希臘的文明已經不是古希臘的文明，埃及的文明已經不是古埃及的文明，整個西方的文明現在雖然還是很昌盛的，但是它中間經歷了許多波折，而且和中國所經歷的波折是不一樣的。我們中華的文化是木本的文化，不同於西方的草本文化，木本的文化並

不是一次枯榮而已，也就是說木本的文化有一個迴圈的週期，它可以根深蒂固地、萬年長青地一直存活、生長下去。而草本文化則不同，草本文化是一次枯榮之後又換一次。

我們回到《論語》這部經典中，我們小學時就讀過它，比如：子路曰：「願車馬、衣輕裘與朋友共。敝之而無憾。」顏淵曰：「願無伐善，無施勞。」子路曰：「願聞子之志。」子曰：「老者安之，朋友信之，少者懷之。」宋朝宰相趙普說：「半部《論語》治天下。」也有人問我說：林老師，您認為半部《論語》果真能治天下嗎？我跟他說可能趙普的學問不太好，他唯讀了半部《論語》，覺得很有用，於是說「半部《論語》治天下」。這是一個強調的說辭，強調的說辭是運動中的語言，應該放在一個運動的歷程中去完成它，它才算數。在我們中華文化傳統中，有很多話是在情境中說的，這種話就要順著它去理解才行。強調的說法是要順著其方向去聽，聽其中好的部分，才能理解它，不能用反題去對照前提，因為它重點是朝著一個指向讓我們去了解的。比如《周易》中的「天行健，君子以自強不息；地勢坤，君子以厚德載物」，以及《易‧象》中的「雲雷屯，君子以經綸」、「山下出泉，蒙。君子以果行育德」，這時候我們就會想，這不是把實然和因然弄混亂了嗎？我以前在臺大讀書時就碰到過一個鑽研邏輯思證論的先生，他就問我：「這怎麼可能『天行健，君子以自強不息』呢？天體運行怎麼說它剛健不息呢？它是中性的，更何況天體運行是剛健不已的和做君子自強不息又有何關係呢？」這樣一說好像古人都是白癡一樣，這就是讀書方向錯了，人生裡的意義不只是科學系統描述下的意義，特別是放在人間世中詩一般的感受和提醒，實踐的指向比什麼都重要。一個話語的意義何在，必須要恰當地去理解。

《論語》也是如此，讀《論語》要帶著情境去理解它，我們必須將其放到整個歷史的脈絡中去理解它，回到對心性的體驗中去體察它，一步一步地切入。

接下來進一步談談《論語》和二十一世紀人類文明有什麼關係。前面已經說過，《論語》是一部交談性的經典，而二十一世紀文明最重要的就是交談，它已經不是某一個文明主導世界，而是眾多小文明的更多互動、更多融通，中華文明在其中扮演著重要的角色。全世界幾個大文明中真正具有實際的力量足以跟西方文明抗衡而開啟對話之門的就是中華文明，所以我們不能隨意地丟掉這個責任，我們必須肩負起這個責任，讓人類的文明有更多地交談和對話。我想《論語》就是其中的典型，這其中隱含了很多有趣的交談和對話的習慣，很多交談對話的情境，這些情境雖然是孔老夫子和當時的人之間的交談對話，但是具體而為也是如此，可以將它放之四海而皆準，我們現在一樣可以用這個方式來交談和對話。

讀《論語》，要帶情境地讀，要用心地體驗去讀，要回到歷史的脈絡中去讀。我們可以先看看《孔子》的傳記，另外還有《史記》的《孔子世家》。熟悉了這些背景再讀《論語》，《論語》裡的人物自然躍然紙上。比如說孔子周遊列國，以現代的觀點第一會想到經濟來源，孔老夫子帶著一個車隊周遊列國，肯定要有經紀人，那麼誰是經紀人？顯然可以論定經紀人就是子貢，姓端木，字子貢。子貢是衛國的大商人，司馬遷說他善貨殖、善理財，賤買貴賣，億則屢中，逢低進場，逢高賣出，而且每一次都猜中，所以子貢是孔子最重要的籌款人以及經紀人。子貢很擅長講話，孔老夫子言語科的兩大弟子一個是子貢，一個是宰我。宰我擅長論辯，曾與孔老夫子論辯三年之喪，孔

老夫子認為守孝要守三年，宰我認為守一年就夠了，君子守孝守了三年沒有做事，結束後禮壞樂崩了怎麼辦。孔老夫子就問他：「食夫稻，衣夫錦，於女安乎？」曰：「安。」「女安則為之！」孔老夫子有非常重要而開放性的論點，其實最重要的是自己的心安，問問自己的本心如何。孔老夫子回過頭去也為宰我感覺到可惜，每個人都是三年食免於父母之懷，是不是宰我的父母親沒有做到，所以他連這三年的體會和感受都沒有。孔老夫子生氣了就讓宰我先走，宰我回去了以後，孔老夫子就感嘆了一聲：「予之不仁也！」宰我得知後越想越難過，整個晚上輾轉反側，第二天他在上課的時候睡覺了，孔老夫子把他叫起來，用非常嚴厲的語氣罵他：「朽木不可雕也，糞土之牆不可杇也！」眾學生皆驚，以為宰我白白葬送了在學堂讀書的努力，然而最後宰我在言語科的成績仍是第一名，子貢排在其後。（附孔門四科。德行：顏淵、閔子騫、冉伯牛、仲弓。言語：宰我、子貢。政事：冉有、季路。文學：子游、子夏。）

關於《論語》，我們首先要了解《論語》編撰寫作的狀況。《論語》是孔老夫子的弟子及其再傳弟子在孔老夫子過世之後一起編撰而成的。其編撰主要根據每一個人的筆記，筆記是寫在竹簡上的，竹簡構成書叫冊。「冊」字意為幾片竹簡用皮繩將之貫穿起來，成為冊。有子和曾子對《論語》編撰的影響最大，在《論語》中孔老夫子稱「子」，另外有子和曾子也可稱為「子」。

《論語》第一章「學而篇」：子曰：「學而時習之，不亦說乎？有朋自遠方來，不亦樂乎？人不知而不慍，不亦君子乎？」為什麼說「學而時習之，不亦說乎？」因為孔老夫子是一個解放了教育權、解放了學習權的教育家，在孔老夫子之前平民沒有受教育的權利，沒有

學習典籍的權利。孔老夫子的祖先是貴族，他的父親是個大夫，他自己是個沒落的貴族，之後他便成了非常重要的具有良心的教育改革推動者，就好像無產階級革命不是無產階級發起的，而是沒落的小資產階級發起的一樣。在臺灣地區有一個關於周恩來的有趣的故事，周恩來有一次到蘇聯訪問，當地一位高級官員諷刺周公說：「你是小資產階級，我才是無產階級。」周公很有智慧地說：「我跟你一樣，我們都背叛了我們的階級。」孔老夫子也一樣，他背叛了貴族階級，開啟了平民受教育的風氣。「自行束脩以上，吾未嘗無誨焉。」一個人如果有最基本的束脩之禮，孔老夫子就教導他，而且有教無類，所以孔老夫子的弟子中有罪犯，即公冶長，孔老夫子後來還把自己的女兒嫁給了他；有趕車的，叫樊遲；有孔武有力的，即子路；有善經營商業的，即子貢。孔老夫子開啟了平民的教育，讓每一個人都能夠進入到文化教養的學習中，人能進入到文化教養的學習，才開啟了文化的生命。文化的生命不同於自然的生命，它是個反省性的生命，它是個有價值的生命，可以進入到整個民族的文化意義的根源中。就這一點來說，我們才說「學而時習之，不亦說乎」。也就是說，人經過的教養學習能進入於整個文化之中，往前追溯進入了文化的價值根源，從內在發出本體的喜悅。這是第一句話講的意思，解放了教育權和學習權，讓人經由教養而學習，讓人能夠有一種根源性的喚醒，而有一種內在的喜悅。

第二句講「有朋自遠方來，不亦樂乎？」這可以說明人已經不是被固著在井田之上了，士階層慢慢興起，人可以自由地遷徙走動，人的內在心靈有真實感通，根據這個真實感通而說「有朋自遠方來，不亦樂乎？」朋友相知，論學問道，其樂無窮。這讓我想起了我的老朋

友——推廣世界兒童讀經非常著名的王財貴教授，他是我的大學同班同學。大概二、三十年前，我結婚沒多久，我在家裡宴客，朋友都散了，他留下來陪我喝酒，我一時興起就問他有什麼巧聯妙對，接著兩個人就說了一晚上，比如「三星白蘭地，五月黃梅天」。我們認為大快文章是上天所給的，所謂「文章本天成，妙手偶得之」。天所與之大文如川之深如山之廣，人能內省連日月都會將就我們。其實這就是咱們最重要的哲學思想，所以才會談到「夫大人者，與天地合其德，與日月合其明，與四時合其序，與鬼神合其吉凶」（《易傳》）。即生命充實而有光輝的大人之德，它是跟天地合德、跟日月合明、跟四時和序、跟鬼神合吉凶的，氣魄之大，也只有我們中華文化傳統之浩瀚文明才會出現。《論語》第一句講學習權教育權解放，第二句講人跟人真誠地交往，心靈的感通。而第三句是《論語》中最為重要的：「人不知而不慍，不亦君子乎？」關於君子的概念孔老夫子也做了一個哥白尼式的革命，也即整個座標點都被變了，原來是托勒密的天文學系統，然後變成了哥白尼的天文學系統，從地球中心說到太陽中心說。「君子」的概念原來是貴族社會階層的概念，而孔老夫子則把它轉成了德性的位階概念。貴族階層的概念是外在的社會階層概念，德性的位階概念是人的內在的、完善的位階概念，君子不再是社會上的人怎麼看待一個人是什麼階層，君子是內在的自我完善，是人格的生長。所以「人不知而不慍」，即使有才有德，重要的還是自我完善的發展，所以君子之道暗然而日彰，君子所求者在己，而不是求知在人。君子不患人之不己知，患不知人也；君子不患人之不己知，求為可知也。君子所求的是內在的自我完善過程，孔老夫子談生命的自我完善過程即是一個生生不息、自始至終的歷程：「吾十有五而志於

學，三十而立，四十而不惑，五十而知天命，六十而耳順，七十而從心所欲，不逾矩。」（第一位發展心理學家其實就是孔老夫子，而且是文化教養心理學，比皮亞傑的兒童發展心理學準確多了、有意思多了。）第三句非常重要，《論語》最重要的就是表現君子之道。近來韓劇大行天下，劇情的賣點就是儒家的君子之道。比如說《大長今》、《醫道》、《商道》。《醫道》講的是許浚的故事，《商道》講的是林尚沃的故事，它們的主人公都在揭示一個精神，就是「君子之道，暗然而日章」、「君子求諸己」、「人不知而不慍，不亦君子乎」，韓國認為自己是儒教國家。但是我們也要記得，儒教能夠大興於韓國，其中有很重要的精神內核所在，其實那個精神是人類的常理常道，所以它會感動全天下的人。「君子之道，暗然而日章」就是如此。《論語》第一篇第一章最重要。

《論語》第二章提到「有子曰」。為什麼不是「曾子曰」？為什麼不是「子曰」？而是「有子曰」。這其中有其獨特性，孔老夫子過世後弟子們要選任第二任會長，孔老夫子其實很早就選定了接班人，他選定的第一個接班人是顏回。顏回是孔老夫子最優秀的學生，顏回聽講時常常坐在前面，總是點頭，面露微笑，孔子就好奇他到底聽懂了沒。「退而省其私，亦足以發，回也不愚」，下課後孔老夫子就派人去問顏回到底懂不懂，結果顏回不止懂了而且會發揮。顏回是一個「居陋巷，人不堪其憂，回也不改其樂」的人，而且他「一簞食，一瓢飲」，不過他不幸短命。為什麼是不幸短命呢？就要問「顏回身體好不好」，在我看來，顏回的身體應該是不錯的，因為其「一簞食，一瓢飲」而「回也不改其樂」，從這一點來看，其居住條件和生活條件並不好，這就有一個最基本的要求就是要有一定的身體條件，所以

顏回應該是不幸短命而死。所以我很稱讚拍攝《孔子傳》的導演找的演顏回的人是一個身材不是那麼瘦弱的人。顏回很可能是因為幫助孔老夫子修《春秋》太努力而導致短命的了，也很可能是感染傳染病過世的。而《孟子》中則強調「禹、稷、顏回同道」，夏朝的開國君主大禹，周的始祖後稷和顏回這三個人如果交換角色也都可以做得很好，這是在肯定顏回，所以孟子深得顏回之道。孔老夫子在顏回過世之後非常難過，不禁悲歎：「噫！天喪予！天喪予！」意思是講上蒼啊，你要斷送了文化道統命脈！弟子們勸他不要再哭了，孔子就說我不為他哭，我還為誰哭呢！孔老夫子就是如此的直接，在顏回過世一段時間後孔老夫子還問子貢：子貢你覺得自己和顏回比起來誰強？子貢說：您常常稱讚我，我覺得自己還不錯，但是還是比不上我的同學顏回。孔老夫子就說對：我贊成你。我常常引用這段來講弟子和老師之間的坦誠與明白。順便說一下《論語》中有關思考的幾個不同類型的說法，文藝知識要整體地思考；文藝之奧要對比地思考；一言以蔽之叫概括性的思考；「舉一隅不以三隅反，則不復也」，舉一反三叫脈絡性的思考；一以貫之叫融貫性的思考。這是《論語》中提到的關於思考的五個方面。孔老夫子在顏回過世之後準備再找接班人，他發現子貢還不錯，胸襟坦蕩，準備考察他。有一次他就問子貢：「賜也，女以予為多聞而識之者與？」子貢就回答：「然，非與？」孔老夫子說：「非也！予一以貫之。」所以接班人就不是子貢，於是孔子只能接著找。有一天孔老夫子又說「吾道一以貫之」，有一個很年輕的弟子，叫曾參，就回答說「是，老師你說得對！」孔老夫子沒有作答。課後弟子就圍過來問曾參，老師說「吾道一以貫之」是什麼意思。曾參就回答說，就我的理解，「夫子之道，忠恕而已矣」，盡己

之謂忠，推己及人之謂恕。孔老夫子覺得曾子不錯，準備過幾年再宣布接班人，沒想到孔老夫子不久之後就過世了，忘了定下接班人，於是就發生了接班人之爭。孔老夫子過世之後由子貢做主，大家守孝三年之後回來，選定接班人，提名兩人，一人叫有子，一人叫曾子。有子貌若聖人，得到有子一派的支持。曾子覺得有子對老師的「道」理解不夠，於是（大家）去找子貢，子貢說「不予置評」，商量之後也沒有得出結果，於是就沒有選定接班人。根據《韓非子》的介紹，孔老夫子過世之後，儒分為八，但是八大門派真正具有力量的只有兩個，即有子和曾子，在編撰《論語》時有子和曾子的弟子也最多。所以《論語》的編撰很有趣，第一篇放孔老夫子（的話），第二篇放有子（的話），「有子曰：其為人也孝弟，而好犯上者，鮮矣；不好犯上，而好作亂者，未之有也。君子務本，本立而道生。孝弟也者，其為仁之本與」。但是如果與曾子對比，「曾子曰：吾日三省吾身：為人謀而不忠乎？與朋友交而不信乎？傳不習乎？」就會發覺，兩者氣象和規模的不同，所以要勉強曾子及其門徒來以有子為師，他們是不願意的。

第三章是兩者的老師的話。「子曰：巧言令色，鮮矣仁！」子以四教：文、行、忠、信。孔老夫子以這四點來教導弟子，它不是「忠信孝悌」，「忠信」不離「孝悌」，但是重點、規模、氣象不同，「言忠信，行篤敬，雖蠻貊之邦行矣；言不忠信，行不篤敬，雖州裡行乎哉？」「為人謀而不忠乎？與朋友交而不信乎？傳不習乎？」《論語》所說的「忠」是指「責任」，而不是作為主謀事的君臣的「忠」的概念；不是「君要臣死，臣不得不死」的「忠」的概念，而是「為人謀而不忠乎」的「忠」的概念，而是「令尹子文三仕為令尹，無喜色；

三已之，無慍色。舊令尹之政，必以告新令尹」。孔老夫子稱讚他「忠矣」。楚國的宰相令尹子文三次做宰相，三次被罷黜，而每一次下臺的時候令尹子文都把自己以前做事做到什麼地方清清楚楚地交接給下一任，三次都沒有慍怒的臉色，沒有生氣，孔老夫子稱讚他「忠」之所在。信，「與朋友交而不信乎？傳不習乎？」所以曾子的規模氣息更大，曾子傳子思，子思傳孟子，開啟了宏偉的氣象。另外傳經之儒的規矩比較謹嚴，從有子傳子夏，傳到荀子一路，這是儒學的脈絡。

　　此外，我們也要帶著故事去讀《論語》，不然有一些內容我們可能會不懂，比如孔老夫子講了一句「唯女子與小人為難養也，近之則不孫，遠之則怨」，這句話實際上有一點歧視女性的意思，但其實不一定，孔老夫子很強調平等，但那個年代是男子的平等，女子很難有平等。孔老夫子到衛國，衛國有一個漂亮的女子叫「南子」，是衛靈公的夫人，長得非常美麗，而且風情萬種。她約了孔子見面，孔老夫子見了南子後第二天講課的時候子路不喊起立，弟子們書也不打開，孔老夫子就很奇怪，原來是因為孔子見了南子而使弟子們都有了誤會，孔子只好對天發誓：「予所否者，天厭之！天厭之！」這是第一椿故事。第二椿故事，衛靈公非常禮遇孔子，就跟孔子說到城裡兜風。沒想到衛國國君衛靈公和南子坐同一輛車，沒有禮遇孔子，孔子坐第二輛車。全城人都在看南子，孔老夫子就很不是滋味。回去之後弟子們問孔子當天遊街的情況，孔子說「吾未見好德如好色者也」。中間還有一個故事，衛國的夫人南子很討厭衛國的太子蒯聵，就準備殺蒯聵，蒯聵就逃亡到晉國。過一段時間衛靈公過世，大臣們就立蒯聵的兒子蒯輒當國君，蒯輒也是孔老夫子的學生。蒯輒準備當國君的

時候，蒯瞶回來了，被拒在門外，形成了父子爭奪王位的局面。弟子們想到老師平時強調的君君臣臣父父子子，現在父子爭奪，這還得了。於是子路便問孔子：「衛君待子而為政，子將奚先？」孔子曰：「必也正名乎！」最不願意聽到的答案居然自孔老夫子的嘴裡說出來了，子路當時非常痛苦、懊惱、難過，急得不知道該怎麼辦，於是脫口而出：「有是哉，子之迂也！奚其正？」孔老夫子更性情地直接說：「野哉由也！君子于其所不知，蓋闕如也。名不正，則言不順；言不順，則事不成；事不成，則禮樂不興；禮樂不興，則刑罰不中；刑罰不中，則民無所措手足。」子路告退，出來後所有弟子們都等在那裡，而子路臉色暗淡。後來子貢回來了，弟子們就找子貢商量孔老夫子留在衛國的事，子貢答應試一試。子貢就進去見老師，問：「伯夷、叔齊何人也？」「古之賢人也。」「怨乎？」「求仁而得仁，又何怨？」出來以後，子貢就跟弟子說準備回家吧，老師今晚就會召集大家，明天就離開。果真那天晚上孔老夫子就召集大家，第二天一早就離開了，孔老夫子把事情安排妥當以後，由幾個弟子暫時留在衛國，其他人就出門歸去了，還是由子路帶隊。弟子們走了一天，到了衛國的國境儀縣，儀縣的縣令接待他們住在驛館，想要覲見孔老夫子，就進去與孔子談了一個多時辰，出來就說：「二三子，何患於喪乎？天下之無道也久矣，天將以夫子為木鐸。」孔老夫子回到了魯國，「吾自衛反魯，然後樂正，雅頌各得其所」，刪詩書，定禮樂，贊周易，修春秋。這故事很動人，講述了出處進退之道，也描繪了弟子跟老師的關係，《論語》就是這麼有趣。《論語》有很深層的文化教養的意涵所在，可以說，《論語》是一個人格的長成之書，當然其也可以以之實用，但它並不只是實用。

我們會發現《論語》中這樣的交談很自在、直接。老師可以鼓動學生去討伐他的學生嗎？可以的。孔老夫子的弟子冉求到季氏家中當家臣幫收稅，別人收不回來的他都能去收回來。回來之後拜問老師，老師問他去做事做得如何？他說很好，收不了的稅我都幫收了。孔子就說人家那麼窮你居然都收回來了？把冉求罵了一頓。孔老夫子越想越氣，就告訴學生們「鳴鼓而攻之可也」。我們會發覺孔老夫子有很多超乎現代教育學的觀點，而不是違反現代教育學的觀點。如果在座有教育系的同學，我希望你們可以讀一讀《論語》。

帶著故事讀《論語》，可以讀到其中的意蘊，可以發覺裡面是一個開放性的交談，弟子跟弟子之間的交談，弟子跟孔子之間的交談，孔子跟時人之間的交談，它是一個交談的哲學，是一個交談的經典。我認為二十一世紀就是一個交談的世紀，二十世紀末哈佛大學的教授亨廷頓說文明會發生衝突，他特別擔心儒教文明會聯合伊斯蘭教文明來對抗西方文明。我認為他多慮了，因為咱們是使用筷子的民族，不同於使用叉子的民族。使用筷子的民族是一個文化的王道主義者，使用叉子的民族才是霸道主義者。為什麼呢？使用筷子和使用叉子的差異是很大的，翻譯成哲學的語系說，使用筷子是主體通過中介者連接客體構成整體達到均衡、和諧來舉起客體。使用叉子則不同，其是主體通過中介者強力侵入客體。所以使用筷子很有學問，使用筷子的民族很了不起。主體通過中介者連接客體構成整體達到均衡、和諧才能舉起客體，這就是咱們的文化王道主義。咱們對待周邊的國家從來沒有像美國對待遠方的伊拉克，咱們也從來沒有殖民過別的國家。我們就沒有侵略的思想，沒有殖民的思想，所以我們沒有發現新大陸。哥倫布發現新大陸是白人侵入舊大陸，他把那裡的人趕走了，殺害了。

白人到澳洲時發現澳洲有一種動物，肚子前面有個袋子，就問澳洲土著這是什麼動物，澳洲土著聽不懂，就說「kangaroo」，白人就以為澳洲土著告訴他這是什麼動物，於是就規定這種動物就叫「kangaroo」，其實「kangaroo」原來的意思是「你在講什麼？」哥倫布航海技術也很差，結果被吹到遙遠的地方，到了那個地方還以為是印度，就把那個地方的人叫印第安人，把那個地方叫西印度群島，其實原來都不是這樣的。所以，二十一世紀不會是咱們華人以儒教的文明聯合伊斯蘭教的文明去對抗西方文明的世紀，而是咱們以儒道佛為基礎的一個調節性、融通性地去容納更多世界文明的世紀，彼此之間有更多地交談、互動和融通。另外，二十一世紀也是一個新的王道文化主義的世紀，這個世紀的文明是新的、人類的、交談的、共生的、共榮的、共存的、共長的新的文明，這是我們從《論語》中進一步可以體現到、可以想到的文化內涵。所以我們可以讓西方人不用擔心，因為需要擔心的是我們自己，我們對自己的文化有沒有真正的了解？對經著有沒有一定的進益、有沒有一定的熟悉？這都是我們應該去思考的問題。

昨天在武大有一個學生問了我一個問題，讓我驚嚇了很久，也讓我晚上輾轉難眠。他說：「中國人都不懂感恩，『感恩』這兩個字是從西方傳進來的。」我就問他這個思想是從哪裡來的呢？「感恩」這兩個字不是漢字嗎？在《說文解字》中即有「感」、有「恩」這兩個字，「感恩」是我們的日常用語，在馬來西亞、臺灣地區包括受中國文化影響的越南都用。他說：「老師，我們華人對自己只有『恩』沒有『感』。」這讓我更驚嚇了，是怎麼樣的哪一群人講了一些莫名其妙的話影響到了我們年輕的幼苗，從而讓他們純粹的心靈居然誤認為

我們這個民族沒有感恩，居然誤認為我們這個民族是個不如白人的民族？我無意宣傳民族主義，但是我們真的是使用筷子的民族。以前有一個傳說，這個傳說不一定真實，不過，也很難證明它不是真實的：上帝造人，剛開始造好了以後就放進窯裡灼燒，燒得過火了就變焦黑了；第二次再燒，結果火候不夠就變白了；第三次終於拿捏准了，就有咱們黃種人了。

如果大家要鼓掌的話心裡要有準備，我們要好好思考自己果真是上蒼所選定的最好的、最完整、最圓滿的作品嗎？我們應該把上蒼所造就的文化的王道主義實行在這個世間，我們應該對古先哲的智者之言有所了解，應該對於這塊土地上的先聖先賢列祖列宗心懷敬意，應該對全人類的文明有一個更寬廣的胸襟去接納它，應該懷著對人類文明的參與的使命感，應該在學習中好好讀讀《論語》、讀讀《老子》、讀讀《莊子》、讀讀《詩經》、讀讀《楚辭》、讀讀《唐詩三百首》。

所以同學們一定要記住，咱們中華民族在這個世界中其實是要扮演一個重要的角色的，這個重要角色的任務就是促進人類的和平，促進人類的文明在交談中一步一步地生長，與其他各個民族、各個傳統文化共生、共長、共存、共榮。我想孔老夫子的《論語》在兩千多年前就揭示了這樣的一個道理，所以世人說「天不生仲尼，萬古無常也」，孔老夫子不僅是中華民族的太陽，也是全人類的星辰之一。這是我今天想跟大家帶來的一個資訊。

2009年於華中科技大學演講
馬瑩根據錄音整理

統一與分裂：從歷史看未來

葛劍雄　復旦大學教授

　　我今天演講的題目是「統一與分裂：從歷史看未來」，我們今天講的地方當然是中國。首先我要講的是「中國」的概念，我們都知道「中國」是我們國家的代名詞，是中華人民共和國的簡稱，那麼歷史上的「中國」是怎麼回事呢？我們學歷史的講究追根尋源，那我們首先就要去追溯：中國是怎麼來的？我們現在找到的最早的證據，是二十世紀六〇年代在陝西寶雞發現的一件青銅器，後來考古學家把它命名為鐵。鐵是一種酒器，它上面的銘文大意為王攻克商朝的首都，就舉行了一個隆重的儀式向上天報告：「我已經占領了中國，統治著那裡的民眾。」那麼這段銘文出自什麼時候呢？銘文下面講到王回到了他祖宗的發祥地陳州，重新實行武王的禮儀制度，可見這個王就是周武王的兒子周成王，根據時間排下來應該是西元前十一世紀的事，這就意味著「中國」兩個字至少在三千年以前就出現了。那麼這個「中國」跟我們今天講的中國是不是一回事呢？我們再看看儒家經典《尚書》中出現的「中國」，它的意思是老天爺把統治中國民眾的事交給了我們的先王，那麼這也是中國。還有在《詩經·大雅·民勞》中，講到「惠此中國，已綏四方」，意思就是說把中國統治好了那麼四方也就安寧了。可見「中國」不等於四方，不妨將這兩個字拆開來看。我們中國有許多象形文字，「國」的中間有很多口，這個口原來

是寫成橢圓形的，表示一些用眼睛在注視下面一片土地的人，他們手裡還拿著一把戈在守衛著，周圍還有一些圍牆將其圍起來，所以「國」的本意是一群人拿著武器警惕地守衛著一片被城牆圍起來的土地，這片土地就是人群居住的聚居地，所以一個大一點的聚落、城鎮都可以叫「國」，在古代這樣的國很多，這個「國」的含義跟城、邦、域都差不多，國裡面的人叫國人，據記載春秋時期有一千多個國，到了戰國時期相互兼併，國的數量越來越少而規模越來越大，這樣到了戰國最後就只剩下秦、楚、齊、韓、趙、魏、衛及幾個小國，然後到了秦朝統一六國，國的統一就是這麼一個過程。那麼在很多國之間有沒有區別？這就要講到「中」，如果把這一豎移到旁邊就是一面旗幟，這是一面特殊的旗幟，是商朝人要召集軍人集合，專門做的一面很大的旗幟，旗幟所在必然就是中心點，所以「中」本來是一面旗，後來就變成了中間、中央，「中」與「國」合在一起就是成千上萬個國家中最中間最重要的國家，可以稱之為中國。

「中國」的範圍在慢慢擴大，到了秦始皇統一六國，整個領土就變成了中國，所以「中國」的概念是隨著國家的統一慢慢擴大到了整個中央王朝所能到達的範圍，「中國」的第一層含義，是政治上的含義，表示中原或是中央王朝，到了明清，明朝、清朝就是中國了。當然，明清的正式名號不叫「中國」，清朝名稱是「大清國」，明朝就是「大明」，那麼什麼時候中國在政治上成為國家的呢？即在辛亥革命以後中華民國建立，正式稱為「中華民國」，簡稱「中國」的時期。「中國」還有在政治以外的第二層含義，那就等同於華夏民族或者說漢族。原本也沒「漢」這個稱呼，它是在南北朝時期慢慢興起來的，最老的就是「華夏」、「諸夏」，與「中國」對應的是那些少數民

族，比如說南蠻、東夷、西戎、北狄，這些都不是「中國」，是少數民族所在的地方。「中國」的第三層含義，是在文化上等同於華夏或者說是漢族的文化，即使今天我們大部分人講中國文化但這並不是真正的中國文化，這只是一種狹義的中國文化，嚴格意義講凡是中國境內，我們五十六個民族包括臺灣地區的高山族，他們的文化都是中國文化的一部分，我們現在經常講的是狹義的中國文化，而不是廣義上的中國文化。最後，歷史上的「中國」往往也是地理的或者地域上的含義，它又等同於中原。不管怎麼說，「中國」這兩個字象徵著一種合法性和崇高的地位，「中國」與蠻夷、周邊相對，所以在分裂的狀態下總有一方以「中國」自居，而把對方稱為「非中國」。中國歷史上有修史的傳統，後朝為前朝修史，總結前朝經驗教訓，並借此宣告本朝順應天命的合法地位，這是一種大一統的觀念，歷史總是驚人的相似和重複。「中國」這個概念和內涵維持著我們國家的統一，那麼我們在中國範圍的統一和分裂，以什麼為標準呢？首先，就「統一」二字而言，「統一」的「統」字是絞絲旁，把絲合成一起，「一」就是合成一個，原來是指燒絲的過程中把分散的絲合成一起，我們現在講的統一是一個政治含義，指建立完全歸附於一個政權的疆域就是統一，當然也有例外，就是或者雖未完全歸附，但雙方認可了的現象，這只是例外，脫離了原來政權又沒有得到認可就叫分裂。按照這個標準，我們可以觀察一下中國在歷史上是分裂的時間多還是統一的時間多，什麼情況是統一、什麼情況是分裂？我認為我們一直以來對歷史上的分裂與統一都看得太簡單了。

西元前二二一年，秦始皇滅了六國，然後進一步擴張，向南擴張到廣東、廣西還有越南的一小部分，形成這樣的疆域，他統一六國的

地位是無可置疑的。到了漢朝也是統一，漢武帝時期把朝鮮半島的大部分都拿下了，當時朝鮮半島的北部和中部就和中國內地一樣，都是漢朝的郡縣，在南方把今天的越南變成了漢朝的三個郡，到了漢宣帝西元前六十年，把玉門關外，今天的新疆和中亞的一部分大概兩百多萬平方公里也劃分到了自己的疆域，在那裡建立了西域都護府，所以漢朝對於秦朝來講當然是進一步統一的，並且統一的範圍更大。然而是不是劉邦在西元前二〇六跟項羽分裂或者在西元二〇二年他宣布做皇帝時就統一了呢？我們以前歷史上怎麼算呢？西元前二〇二年到西元二二〇年，是不是這個朝代整個都是統一的？比如西域都護府，在西漢末年就被放棄了，所以一個王朝是統一的並不是說整個朝代都是統一的，有的時候其真正統一時間並不長，西漢以後到東漢逐漸走向分裂，一直到隋唐。唐朝是中國歷史上一個重要的階段，因為它建立了歷史上非常遼闊的疆域，唐太宗時期滅掉了東突厥，唐高宗時期滅掉了西突厥，唐朝一直向西擴張，此時波斯國發生內亂，波斯王子投向唐朝，至此唐朝向西擴張到鹹海，這是中國歷史上能夠達到的最西邊。在唐高宗時期疆域是統一的，但這不是唐朝一開始就達到的，這是不是意味著整個唐朝都是統一了呢？在安史之亂後，唐朝從鹹海撤離，突厥的後代重新獨立，建立後突厥國，後突厥被回紇滅掉，回紇後來叫回鶻，他們又被黠戛斯滅掉，回鶻人就開始西遷至今天的新疆，與當地人相結合，成為維吾爾人；安史之亂以後，吐蕃人強盛起來，它擴展到今天尼泊爾、哈薩克這一帶，幾乎把整個新疆都占了，一直到今天的寧夏、陝西西部還有甘肅以南西部，一度強大到率兵打到長安城。河西走廊漢人比較多，所以後來他們在張掖的領導下趕走了吐蕃人，又歸順了唐朝，吐蕃人就在今天的青海、甘肅的南部、四

川的西部還有香格里拉等地長期地生活下來了。在唐玄宗之後，原來雲南的六詔也不再接受唐朝的統治，建立了南詔國，還有朝鮮的後人雖然有很多居民在唐朝被內遷，但他們還是不斷反抗，安東都護府被迫退到鴨綠江北面又退到遼河的西面，剩下的靺鞨人建立了渤海國。所以我們可以看到，如果說唐朝初期叫統一，那麼安史之亂以後的唐朝還能稱之為統一嗎？實際上唐朝處於分裂的時間比處於統一的時間還要長。

唐朝以後是五代，五十幾年裡面變換了五個朝代，與此同時大大小小的政權有十個以上，這當然是分裂。問題就是到了西元九六〇年，北宋建立，我們歷史書上又把它當作統一的政權，那麼它算統一嗎？北宋周圍有遼國、西夏、吐蕃、大理這些大大小小的政權，這能叫統一嗎？在中國的範圍裡面繼續是分裂，後晉把燕雲十六州割讓給遼國，我們今天的首都北京不在宋朝的統治區域內而是在遼國統治區域，它是遼國的南京幽州府，山西的大同是遼國的西京，在中國裡面北宋顯然是大分裂小統一。當然，中原的大部分地方是北宋統一的，但即使是中原也沒有完全統一。到了南宋，還是分裂，女真人取代了契丹，金國取代了遼國，並且把界限從今天的河北山西中部推進到了淮河秦嶺，北面是金國，南面是宋朝，這個局面一直到蒙古人建立元朝才結束。再看元朝，成吉思汗統一北方一直到西伯利亞都統一起來，一直到太平洋，他領著自己的子孫一路南下，他的孫子忽必烈建立元朝，並向西行進一直攻打到多瑙河流域，他的其他子孫在今天的新疆和中亞建立察合台汗國，所以元朝把什麼地方都包括了就是沒有包括新疆。蒙古人的一個重要貢獻便是先滅了金，然後滅了西夏，再和吐蕃會談，吐蕃同意歸順元朝。我們現在的西藏從西元十三世紀以

後就歸了中國，從此再也沒有分裂出去，元朝對此有很大的貢獻。當然，元朝滅了南宋以後，還進攻越南並且攻打到了越南中間，但我們應該承認越南從十四世紀以後是獨立了的。元朝還把緬甸、寮國攻打了下來，建立了緬北行省，它還把高麗攻打下來，後來高麗向元稱臣，後來它還出兵去攻打日本到了九州。所以說元朝把今天中國除了新疆大部分以外的地區都已經統一起來了。元朝時期，元朝與朝鮮的邊界不在鴨綠江而是在鐵嶺，也就是說今天朝鮮東北差不多有三分之一的地方屬於元朝的統治範圍。明朝的時候，明太祖進入大都，元朝就此北退，後來在北方盤踞了幾十年，史稱「北元」，後再次回到蒙古高原，主要成為韃靼、瓦剌這兩個大的民族部落。但是今天的新疆還是繼續歸在察合台汗國後建立的政權，明朝跟朝鮮的界線變成了鴨綠江。到了明朝後期，緬甸王國興起了以後，把現在的緬甸拿過去了，所以基本上就到了我們今天的國界。明朝後期，寮國這些地方沒能被統治，所以明朝後期南邊的國界基本上和今天差不多。為什麼現在新疆有那麼一小撮人在搞分裂，一方面固然是敵對勢力想分裂我們，另一方面我們不得不承認一個事實：儘管我們從西漢開始，中原政權統治了新疆，但從安史之亂以後新疆大部分時候是與中原脫離的，漢朝的文化基本上是清朝以後再傳播過去的，那麼奠定了我們現在疆土基礎的是清朝。清朝時期所統治的最大的疆域為一千三百多萬平方公里，清朝相對明朝也是統一的，但這個統一不是一天打造的，滿族人興起以後首先是跟蒙古結盟然後南下，一六四四年進關，到康熙二十三年平定臺灣地區建立臺灣府，但這個時候新疆是准格爾政權，准格爾政權一度把蒙古國都占了，後來從康熙、雍正一直到乾隆的時候，才最終平定天山南路，這時已經到了西元一七五九年，所以

如果說清朝是統一政權的話，那麼這個統一就不是一六四四年而是一七五九年。

那麼為什麼我們的國土範圍會從清朝變成這樣呢？首先，一八六○年沙皇俄國通過《璦琿條約》把黑龍江以北的地方劃過去了，這份條約規定烏蘇里江以東由中俄兩國共管，但最後變成俄國領土。另一塊地方是今天俄羅斯、哈薩克、吉爾吉斯斯坦這個地方，沙皇占領了這些地方還占領了伊犁，左宗棠出兵收復新疆，重新劃定邊界，把以上的地方都劃給了俄國。辛亥革命爆發，在沙俄的支持下，蒙古國宣布脫離中國獨立，蒙古的活佛宣布登基，但當時的政府無論是袁世凱還是孫中山都表示強烈反對並採取強硬措施，加上西方列強也不希望俄國奪占蒙古國的利益也表示反對。但是到了二十世紀二○年代，史達林派人組建共產黨稱為蒙古人民黨，他們開始鬧革命，蘇聯紅軍以追查那些逃跑的白匪軍為藉口統治蒙古國，借助他們把中國的代表團驅逐出去，當時中國內地各軍閥混戰，無暇顧及，蒙古國即宣布獨立，但中國政府一直沒有承認。到了二戰後期，英美中蘇四大盟國商議結束戰事，其他三國要求史達林在打敗德國以後能夠出兵東北和朝鮮，消滅在那裡的日本關東軍，最後結束世界大戰，史達林同意了這個要求但提出了條件，條件之一就是恢復帝國時期在東北的權利，包括將大連旁邊的旅順港租給蘇聯作為軍港，大連港作為自由港，同時從大連到滿洲的鐵路要由中俄共管；第二個條件就是要求中國承認蒙古國獨立，因為這不僅牽涉到蘇聯是否出兵，還牽涉到在未來的聯合國中中國能不能成為四強，也就是安全理事會的成員，蔣介石政府在權衡利弊以後表示接受。還有一塊地方是唐努烏梁海，有四萬多平方公里，原來它也不是蒙古國的，而是直屬中央政府的，俄國借蒙古國

獨立之機控制並劃分過去了，並于一九四七年成立圖瓦共和國。

　　歷史如此複雜，自秦始皇開始，統一與分裂同時存在而且分裂時間很長的原因究竟是什麼呢？我們首先應該看到統一的積極作用，另外我們要思考統一究竟有沒有消極作用，只有這樣才能正確地評價歷史。首先，統一的第一大貢獻是有助於抵抗外敵，歷史上有很多文明古國最後是被外敵入侵給消滅掉的，比如說印度，在西元前亞歷山大就把北印度占領了，所以今天的印度人已經不是古印度人，而主要是歐洲人的後代；今天的埃及和歷史上的埃及也沒有關係，法老的後代被羅馬人、希臘人，再後來被拜占庭王國都統治過，到阿拉伯興起，西元九世紀開始，阿拉伯人橫掃北非一直打到直布羅陀海峽前面。古埃及人原先崇拜太陽神，但現在的埃及人崇拜真主安拉；古巴比倫同樣如此。中國儘管朝代不斷變化，甚至少數民族曾成為中原的主人，但是每到外敵入侵之時，統治政權總是千方百計地抵抗，儘管有的時候失敗了，但我們不得不承認正是這些抵抗保存了我們中華民族的文化，在抵抗的過程中使對方認識到中華民族的不可消滅。即使少數民族在戰爭中戰勝了這個國家，但是對方在文化上往往已經被征服了，而政權的統一則為文化的征服創造了有利條件。第二個是統一能夠集中人力物力減輕自然災害的影響，我國大部分地區的氣候條件並不好，而世界上有很多古國因自然災害而亡，中國尚能保存下來的原因，是中國在大多數的條件下還是處於統一的狀態，在自然災害面前統一政權能夠集中人力物力並且通過調遷來減小自然災害的影響，使之能夠在統一調度、儲存物資下度過自然災害，所以中國沒有出現在自然災害面前文明消亡的狀況。第三點是統一有助於大型工程的建設和維修，如大運河，還包括道路系統的完善和維修，加速了各地的融合，這些都進一步加強了政權的鞏固和統一。第四點是有利於實現經

濟的多樣性，並且還有利於中華民族的延續，縱觀歷史，我們可以發現文化延續比較好的地方都是政權比較統一的地方。當然統一也有消極的影響，最明顯的一點是，中國自秦始皇開始建立的都是一種專制中央集權的統一政權，這種專制的政權是少數人的專制，這樣就帶來很多消極作用，比如說上面說的投入大量人力物力，但這種投入並不合理，許多被用於皇室貴族的私人享受，遑論歷代皇帝大規模地修建陵墓，更加勞民傷財。另外，統一加深了中央集權，並且在封建社會導致重政治輕經濟，重漢族輕少數民族。更為重要的是，在封建社會，在專制的統一下往往限制了學術和思想的自由，而相反的是，在國家動盪分裂割據的年代，中國文化與思想有著更好地發展，如春秋戰國時期，百家爭鳴、大家輩出，以及晚清至五四時期，馬克思主義、法西斯主義、無政府主義以及科學主義等都傳入中國，並得到了一定的傳播和發展。

但是，統一的消極作用都是統一本身所造成的嗎？其根本問題還是在於用什麼制度統一。我們統一制度消極的根源就是自秦始皇開始，封建社會建立的都是一種專制集權的統一政權。如今改革開放雖然只有三十一年，但我們看到了一種希望：通過改革開放，我們完全可以做到在統一的情況下消除這些弊病，防止分裂。我們中國要改變分久必合、合久必分的政治寓言，就必須要堅持走改革開放的道路，也正是因為這樣，我們對中國未來的統一之路充滿信心。我們現在統一的方式有大陸的方式、有港澳的方式，為什麼不能有一種臺灣的方式呢？但是，我們也要看到統一的基礎是什麼，我們要擺脫血統論的局限，血統論在傳統歷史上有一定作用，但放到今天解決實際問題上來看，是有一定局限性的。另外，我們要擺脫純粹文化認同觀的局限，當今鼓吹「臺獨」的部分人其實並不反對文化認同，文化認同不

等於政治認同，文化認同對於統一起到潤滑劑的作用，但並不能起到決定性作用。當今世界上處於統一文化而分裂出不同國家的現象比比皆是，這也為我們處理兩岸關係提供了思考。當今，我們與臺灣方面有了一個新的認同，那便是市場認同，臺灣地區在一定程度上離不開大陸市場，這種市場認同也在促進著政治認同，甚至比血統認同、文化認同的作用更大，而且更加現實，不僅影響著他們自身，也影響著臺灣地區的後代子孫。同時，市場認同也有局限，因為市場是變化的，所以更重要的是利益的認同，尊重彼此的利益。在這些基礎上，我們要尋找共同的認同，比如我們都認同一些普世的價值——人權、自由等，在觀念認同上雖然不能達到完全一致但也並不是你死我活，在觀念認同的基礎上達到政治認同，這種可能性是有的，我們在政治上並不一定強求實行大陸的制度，也可以像港澳一樣保留原來的制度，甚至可以比港澳有更大的彈性。中央現已採取了新的戰略，海峽兩岸已經出現了新的變化，一般人認為主要原因是國民黨取代了民進黨，但其實更重要的變化是胡錦濤「大陸和臺灣同屬一個中國」的講話。我們一方面不承諾放棄使用武器，另一方面，也要兩方共同發揮出政治智慧，從中華民族最根本的利益出發，實現和平統一，而這個和平統一之路，還是一個長期的過程，它能不能實現，也還取決於國際形勢的變化。當然從最根本上取決於我們能不能自強不懈，依靠我們自己解決這個問題。在這個層面上，中國歷史上的統一和分裂，對這一問題有一些借鑑意義。

2009年於華中科技大學演講

何丹根據錄音整理

從「大話」到「山寨」——大眾文化概觀

張　閎　同濟大學人文學院教授

　　《大話西遊》是經典巨作《西遊記》的另類版本，深受廣大影迷喜愛，如今「大話」已逐漸被另外一個風靡網路且廣受爭議的詞語所取代，那就是「山寨」。

　　這些年，在我們的生活中山寨版的文化現象隨處可見，如山寨版的手機、山寨版的晚會以及山寨版的人物等，這些現象十分普遍。隨著互聯網的普及，山寨現象幾乎無處不在，它們隨時可能被製造，而且製造流程越來越簡便。從二〇〇八年開始，「山寨文化」幾乎成了當下中國內地文化的一個重要關鍵字，而且經常被套用在各種現象上。目前，幾乎所有的商業品牌都能找到它的山寨版，如「雕牌」肥皂的山寨版「周佳牌」肥皂。我展示這些現象並不是今天演講的目的，而是想要探索其作為一種文化批評和文化研究，我們怎樣來面對和理解這樣一種現象；除了對這種現象表示一種不滿或欣賞的情緒，作為一種個人態度或個人情感道德的判斷之外，其作為一種文化現象它意味著什麼，這是我們要考察的。

　　一般來說，曾經有過一個正宗的、某一品牌的文化形象或現象，接下來出現一個非正宗的、和它很類似的、對其進行低劣化的模仿或抄襲的、非原創且價格低廉的文化形象，我們可以將後者稱之為山寨現象，它是山寨文化的一部分。山寨這個詞彙最早來自對某種手機的

模仿，是從廣東那邊傳過來的一個概念，是濫觴於民間的一種現象。山寨是相對於正統官方或官府的一個詞語，在古代相對於宮廷而言，如隋末唐初的瓦崗寨。從字面上看山寨是歷史悠久的，山寨最早不是一種文化現象，是自古以來就有的一種生活或政治現象。而現在，在大眾文化領域裡面的山寨作為一種文化現象也有它的來歷，那就是從「大話文化」到「山寨文化」的一個變遷。

大眾文化現象的更新很快，一般可以持續兩三年，如在娛樂領域的關鍵字中，前些年的F4現在已很少被談及，但是公開的娛樂文化領域裡周杰倫和網路領域的芙蓉姐姐現象卻持續了十多年，具有強大的生命力並創造了奇跡。大眾娛樂文化的更新很快，而大眾娛樂文化能夠全面普及的一個重要源頭就是大話文化。

下面，我就四個點來講講當下流行的山寨大眾文化。

■ 一、大眾文化的萌動

在二十世紀六、七〇年代，大眾娛樂文化是被禁止的，紅衛兵跳「忠」字舞成為扭曲的、變異的大眾文化；從二十世紀七〇年代末開始，大眾娛樂文化有了緩慢的復蘇，但基本上是以民間的地下或者半公開的方式進行，如打麻將被認為是可恥的，是一種墮落的生活，至少是不被提倡的，官方主流是號召大家努力為實現四化工作學習，把青春用到最有價值的地方，聽鄧麗君、穿喇叭褲等雖不被提倡但至少是不會被禁止的，對大眾日常性的娛樂文化有一定程度的容忍；到了二十世紀九〇年代，當消費和商業時代到來時，大眾娛樂文化開始興起，作為一種強大的力量對以往的傳統文化開始形成一種衝擊，當然這種力量是好是壞還有待判斷，它可能具有破壞性，但也可能具有強

大的生命力，甚至可能是滋生出全新文化的一種力量。

二十世紀七、八〇年代的大高音喇叭，是屬於一種單向度的文化傳播方式，到了四喇叭答錄機出現以後，盒帶卡帶的流行，街頭鄧麗君的靡靡之音和寬大喇叭褲等的盛行，青年可以自主選擇娛樂；而到了二十世紀九〇年代一項非常重要的技術——卡拉OK的出現，到現在發展成KTV，一個主要特點是民眾可以比較自由自主地選擇自己的娛樂方式，卡拉OK的自娛自樂形式可以說是民間最早的山寨文化，它的原聲伴唱形式和模仿明星演唱很有誘惑力和魅惑性，造成了一種原創性的高雅文化的假像。到後來超女初選的清唱，離開了這種形式之後，本人的真實聲音展現出來可能就會出現問題了，此時它的山寨本性暴露無遺。所以，二十世紀九十年代是大眾文化的轉型期，科技推動了文化的一些轉變，大眾由單純的文化消費者轉變為文化的自主生產者和製造者，而且文化的價值形態也發生了轉變，即它雖然模仿了主流文化，但也可能產生一些顛覆性的東西。

▌二、「大話」其精神，「山寨」其體魄

「大話」文化最早來自周星馳的電影，從一九九二年的《唐伯虎點秋香》開始，到一九九七年的電影《大話西游》，周星馳開始成為「大話」文化領域的精神領袖。伴隨著網路的大規模崛起，清華大學的BBS論壇出現了一系列套用《大話西遊》的語彙，「大話」文化由此在坊間廣泛流行。電影裡創造的經典模式，如一系列具有顛覆性的話語和人物，將原來的母本加以改造，將師徒四人排除萬難取得真經的這樣一個故事模式加以改造，以搞笑戲謔的方式篡改和顛覆了一個古典文化的經典，也成為後現代的一個文化經典。同時，互聯網上早

期流行的「雞過馬路」的各種版本，如明星版、詩人版、IT名人版等，套用和模仿不同名人在某一時刻的話語，來解釋「雞過馬路」這樣一個現象。但它僅僅只是作為一種語言遊戲的快感，並沒有什麼目的，這也是「大話」文化的一個變種。還有在互聯網上稱為「大史記」的作品，將一些經典電影片段拼接成一個新的故事，如大史記一、大史記二等。其中有個「大史記四」是中央電視臺評論部內部春節晚會時的一個作品，以模仿大型音樂史詩的形式來進行作品的演繹，這也表明了媒體內的一些專業人士用一種顛覆性的方式來排解過於正統的主流文化的沉悶和壓抑。再到後來互聯網上民間人士製作的《一個饅頭引發的血案》來反諷陳凱歌的電影《無極》，完全顛覆了原有母本的價值指向，這個也表明了民間的這種反諷力量具有強大的顛覆力和批判力。

　　從《大話西游》高成本大規模通過院線放映的一種文化工業產品，過渡到互聯網上「雞過馬路」這樣簡陋的低成本的網友制作品，到「大史記」是一批專業人士通過視訊短片技術製作的作品，到一個叫胡戈的網友業餘製作的具有顛覆性和批判性的作品，都證明了以視訊短片技術、PS技術、手機和數碼相機的普及等為標誌的技術革命使民間自主進行文化創作活動越來越便利，同時也使民間批判性的立場越來越容易表達。

　　由此可以看出，技術革命不僅為「大話」文化和「山寨」文化的興起提供了一種理想，而且還使它成為可能。但同時也引出一個問題：民間的文化生產和創造目標指向哪裡？此時，山寨文化在創造階段進入了一個十字路口，在可實現的條件越來越便利的情況下，民間如何自主生產和創造文化？大眾文化的價值又如何得以實現和保證？

除了娛樂和消費功能之外，它是否還存在精神價值？

▌ 三、「山寨」和「宮廷」之爭

「山寨」和「宮廷」的對立造成山寨文化面臨一種選擇。宮廷文化追求一種精緻化，雖然它可能造成假的精緻化，甚至具有一定程度的矯飾成分，如電影《無極》、《黃金甲》等，但它至少本著追求一種典雅化和精緻化的初衷。然而山寨版的文化首先是一種贋品、模仿品，它自身可能不產生價值。

有種觀點認為山寨版是文化垃圾化的標誌，因為它把已經經典化的、嚴肅化的價值拆得七零八落，把一座有價值的、穩定的美學大廈拆散變成了文化廢墟，只剩消費和娛樂的價值，是文化廢墟化的過程，是一次文化災難，是經典文化的殺手，它把有形的、有價值的文化給破壞掉了，使經典文化的核心成分消散了。

還有一種觀點認為那些所謂的經典化的高雅文化本身就是一種假像，是掌握了文化話語權的所謂精英們建構的一種假像，它是一種對每個個體自由表達和創造的一種壓抑；以前只有文化人掌握了知識的解釋和壟斷權，具有文化的創造生產和傳播的能力，由其創造的價值是一種統治性和強制性的價值，特別是在一個極權社會裡，文化生產和文化傳播的壟斷就成為一種壓迫人的工具。而山寨文化裡每一個民眾自主的表達本身從美學反派來看就是追求一種簡陋的、粗糙的東西，來破壞和抵禦這種以精緻面目出現的意識形態的壟斷。這兩種觀點爭執不下，無法裁決。

如何看待「山寨」與「宮廷」之爭對知識分子來說是個難題。作為處在「山寨」和「宮廷」之間的知識分子，既和官方的主流文化息

息相關，要傳播官方的主流文化；同時他們又有批判的使命，代底層民眾弱勢群體立言的使命，應該支持草根群眾發洩欲望、顛覆和消費的權利，但這種顛覆性在文化上顛覆的正是知識分子所堅持的經典的核心價值，而那種優雅的語言和精美的文本又正是知識分子所安身立命的根本所在。其實，一個民族的文化既需要有高雅的精緻的東西，同時在一種非常壓抑的文化背景下，每個人也都擁有反抗戲謔的權利和嘲笑權威的權利，這本身也是弱者反抗的方式。互聯網本來就是一個讓每個人自由表達的平臺，每個人都有低俗的權利，而且即使是低俗的權利也不能被剝奪，所以這實際上是一種矛盾，是個人主權和族群文化之間的一個矛盾。

▌ 四、「山寨」在價值上的墮落

　　社會上兩種不同的聲音如何能同時得到充分的表達和尊重，或許是我們需要思考的問題。但是不管怎麼說，山寨文化帶來了草根階級的粗糙的東西，在經濟上是廉價的，它們製造了許多品牌和產品，它使得有價值的事物被兌了水，使原有的價值意義被沖淡了。但同時它也具有反壟斷的意義，許多民間的小工廠也有生存的權利，打破大廠的壟斷。山寨文化有時也會帶來文化資源的共用，如盜版影碟，對於我們這些處於第三世界的國家來說，也算是某種意義上的資源救助。雖然它侵犯了知識版權，但確實給一般人帶來了資源分享的權利。只要山寨文化下的產品不是劣質品，在某種意義上它是造福人類的。

　　所以從雙重的角度來理解，山寨可能會得到更為全面的解釋。但是真正有價值的文化創造很難一直停留在山寨的階段，它要成為一種穩定的有價值的族群文化，就必須成為精緻的宮廷文化，這也就是一

個矛盾，山寨變成了廟堂，所以從山寨文化到宮廷文化還是有一個過程的。但在另一方面，山寨的顛覆性也是有限的，它在文化和政治上具有雙重反叛的功能，對主流的強制性的壟斷性權力的顛覆也是有誇大的。

另外，山寨和大話是有區別的。大話如胡戈的《一個饅頭引發的血案》是一種故意的批判性的顛覆和反叛，是對原本價值的否定和反叛；而山寨本身並不拒絕和否認它的母本的主流價值，山寨的內在邏輯只是對母本的一種模仿，從而希望有朝一日可以變成宮廷。山寨相對於大話文化而言，雖然在技術上有了進步，但本身在價值方面卻是一種墮落，它本身並沒有價值立場，缺乏原創的文化精神，而是對權力的依附和追隨，是對某種威權的屈服。如果一個民族長期處於這樣一種文化狀態下，那麼這將是一個沒有希望的民族，這個民族的文化生命力將會在強大的全球化進程下逐漸萎縮。

從大話文化到山寨文化，從技術上和功能上，以及傳播的效用和發展的普及面來看有了極大的進步，差不多實現了每個人都成為文化創造者的夢想。但是從價值方面來看卻是一種倒退，甚至在逐漸喪失民間草根原有的一種顛覆的批判的反諷精神，而這樣一種精神如何在民間大眾文化中獲得一種批判性的力量，同時又如何保證這種民間文化粗獷的原創性和生命力，這是我們要思考的。

2009年於華中科技大學演講

朱夢珍根據錄音整理

我們從傳統文化中究竟能得到什麼？

王三山　武漢大學資訊管理學院教授

　　我今天要講的題目是我們從傳統文化中究竟能夠得到什麼。若干年來，無論是政府、社會，還是民間，似乎都取得了一個共識：弘揚傳統文化，弘揚優秀的民族文化。首先，我們必須捫心自問，傳統文化，對於我們今天的文化建設，或者未來的文化建設，究竟有什麼意義。這個題目挺大，問題也很複雜。具體來講，我們其實能從傳統文化裡面可以獲得很多東西：若論傳統的思維方式，我們能學到整體的直覺思維方式。傳統文化的思維方式更側重於一種感悟、一種直覺的思維方式。它對我們今天的思維，也是具有意義的。在我看來，中國傳統文化最可觀的也即最富價值的東西，一個是倫理精神，一個是藝術精神。這是我今天主要要講的兩點。其實，我的這個觀點，與很多學者的看法也是一樣的。例如，北京大學著名哲學教授樓宇烈先生在他的文章裡就說過：「在中國文化傳統中，倫理精神和藝術精神，如車之兩輪，鳥之兩翼，是相輔相成，是相得益彰的。所以，在中國傳統文化中，道德修養和藝術修養是人生修養兩個不可或缺的方面。而道德修養和藝術修養的程度如何，也就被視作一個人文化素質高下的體現。」這些觀點，與我的看法是不謀而合的。

　　首先是要傳承和弘揚傳統倫理精神。在此之前，我們要自我發問，傳統的優秀的倫理道德精神，在我們今天這個社會，是否還存

在。如果有，究竟還有多少？我們今天是不是還需要這些東西？這是我要講的一個問題。另外，我們很多人談起傳統的倫理精神、道德精神，可以說是口若懸河、頭頭是道；但是，這些東西，究竟有多少真正地融入了我們的生活之中，融入了我們的骨子裡，融入了我們的血液裡呢？在我們的人格修養過程中，是不是名副其實地踐履和力行了這些傳統的倫理精神、道德精神呢？這是我要講的第二個部分。

近若干年，學術界喜歡用一個名為「民族文化主體意識」的概念。究竟什麼是「民族文化主體意識」？按我的理解，是指一個民族自覺地意識到它所擁有的民族文化或者歷史傳統是獨有的、有價值的，並自覺地以這種獨有的民族文化為根本，不斷地傳承並發揚光大，使其永遠屹立于世界文化之林。簡而言之，即以自己的傳統文化為立身處世之本。如果，一個民族，一個國家，它的文化主體意識失落的話，那麼就意味著這個國家的精神和歷史中斷了。所以，維護民族文化主體意識是異常重要的。然而，在我們今天，我們會發現，這種民族文化主體意識正在失落。這種失落應該說是由來已久的，從近代以來就開始了。二十世紀三〇年代的時候，中國有十位著名教授聯合發表了一個題目名為「中國本位的文化建設的宣言」，其中有一句話是：「從文化的領域去展望，現代世界裡面固然已經沒有了中國，中國的領土裡面也幾乎已經沒有了中國人。」這句話說得非常尖銳、非常激烈，但是中肯，語重心長。例如，我們常說中國文化是一種具有含蓄、委婉的內蘊特色的文化，表現在為人處世方面，那就是內斂、謙和，含蓄不露鋒芒。這是中國文化很突出的特色，所以中國人說話，喜歡採用隱語、象徵、比喻、暗示等這些手法，而不是直白或者赤裸裸的。中國傳統文化裡面，很多東西都很講究傳統智慧，如

《孫子兵法》裡的軍事智慧，它就講究虛與實的辯證關係，虛則實之，實則虛之。中國古典藝術，也是這樣的。虛處傳神，虛實相生。又比如說，古代傳統的文人畫，它往往是一副畫幅裡面落墨的地方只占很小的一部分，而有大片的留白；不像西洋油畫，畫幅滿滿的。這個留白的作用就是留給觀賞者去感悟；通過觀賞者的閱歷和學歷，可能會感受到更多的一些東西。中國音樂也是這樣。所以，中國人的生活也如同中國畫、中國音樂，是一種充滿藝術情趣、充滿人生智慧的一種生活。因而，中國人行事說話，每每追求象外之象、言外之意、韻外之滋，這是中國文化的一種精神。可是，近世以來，直到今天，中國人的文化精神、處事風格卻屢屢受到人們的批判，被指責為虛偽、圓滑、世故等。外國人這樣看中國，是因為他不懂中國文化，沒有中國文化的薰陶；但是，我必須指出，這樣指責中國文化的外國人是一種典型的文化西方論者，是西方中心主義的一種觀點。所以，無論是中國文化的含蓄內斂，還是西方文化的張揚外露，都是各自傳統文化的一種體現。其實，文化價值是不可以用好與壞、優與劣等來批判的。為什麼我們中國傳統文化會有這個問題存在呢？也在於我們有許多國人，鸚鵡學舌地跟著外國人去詆毀、批判自己的民族文化。這是一種典型的民族文化自卑感，也是一種文化主體意識失落的表現。事實上，我們現在的生活和文化風格，整個都是西化的，整個都是全盤西化，喜歡外露張揚，喜歡剖光、自秀、炒作等。如同剛才在那些教授的宣言裡面說的，中國領土裡面幾乎沒有了中國人。而以仁慈、善良為前提的含蓄、內斂、謙和，那才是人性的真實，更是具有一種審美價值的真。可惜的是，我們今天把這些精神給遺忘了。事實上，我覺得中國傳統文化的失落，可能真的是全方位的。

為什麼中國傳統文化會失落，又為什麼會在我們這幾代人手上失落呢？傳統文化精神的失落，我總結了三個要點，也可以說分為三個階段，它們既是原因，也是過程。首先就是近代以來的失落。近代以來，列強入侵，國家積弱，民族危亡，中國人要救亡圖存，首先就要推求造成民族國家衰敗的原因。從鴉片戰爭以後，從十九世紀六〇年代開始，就一直有想要改變這種現狀的嘗試。開始是魏源的提法，師夷長技以制夷，學習軍事文明，但是在加入海外戰爭中，一敗塗地；然後是制度文明，戊戌變法和辛亥革命，但是制度變革又沒有使中國真正的改觀；最後，到五四時期，就發生了新文化運動。所以，中國經歷了物質層面、制度層面、精神文明層面的改造。到了五四時期，開始清理和批判以孔孟之道為代表的中國傳統文化。在這個批判和清算的過程中，傳統倫理精神、傳統價值觀念首當其衝地。一九一九年十月分的新青年雜誌上，曾經發表過一篇文章，題目名為《吃人與禮教》，作者叫吳虞，是一位四川老學者，當年被胡適先生稱為「隻手打到孔家店的四川老英雄」。文中有這麼一句話：「我們如今應該明白了吃人的就是講禮教的，講禮教的就是吃人的。」這篇文章就把吃人和禮教兩者直接畫上了等號，在當時，可以說是石破天驚的論點了。這些觀點，可以說是從根本上動搖了禮儀和禮教在中國人心目中的形象。在吳虞先生，還有魯迅先生等其他這些先生的文章發表後幾十年中，我們會發現禮和禮教這些概念不斷遭到國人的批判、唾棄，最終成為大家公認的貶義詞，特別是禮教。禮教這個詞，在很長一段時間內，就是貶義詞，就是封建道德教育。我們說中華民族是舉世聞名的禮儀之邦，中國傳統文化的核心之一就是禮，禮教實際上就是禮儀道德方面的道德教育。如果說禮和禮教等於吃人的話，那麼，整個

中國的歷史，中華民族的歷史差不多就是一部吃人的歷史了。顯然這種說法太過離譜，對於我們祖先來說，也是一種不公平的對待方式。樓宇烈先生曾說過一句話：「土耳其當年搞所謂社會主義現代化，真是把自己的文化根子給砍斷了，搞得不倫不類。」這種做法，樓宇烈先生命名為自宮式的現代化。當年說禮教就是吃人的這種觀點也有點揮刀自宮的意味，一下子就把中國傳統文化根本性的東西給砍了。所以我們現在想要恢復名譽，或者想從中吸取營養，或者想為我們今天的文化建設找一些依據，那是難上加難。傳統文化，特別是儒家的倫理文化，在五四時期遭到了重創。而倫理文化方面比其他文化失落得更快、更徹底，這是五四時期、近代以來的沒落。

第二個是中華人民共和國成立以來的失落。中華人民共和國自成立以後到七十年代末，各種政治運動層出不窮，接連不斷，一次又一次地出現批判傳統文化的升級版運動。到了「文革」時期，可以說是達到了高潮和頂峰。中國傳統文化，特別是倫理文化遭到了可謂是毀滅性的打擊。「文革」時期，首先是破四舊運動。什麼是破四舊？就是打破一切剝削階級的舊思想、舊風俗、舊道德、舊習慣，不僅是精神上的，還有物質上的。「文革」後期，又有批孔，甚至反潮流、批師道尊嚴等一系列活動。在這個過程中，中國傳統文化，特別是儒家倫理文化，所遭受到的打擊，可謂是不堪回首。當代國學大師錢穆先生曾說：「我們應該對本國以往的歷史存以一種溫情和敬意。」我覺得非常英明。可是在「文革」這些運動中，這種溫情，這種敬意，蕩然無存。總體說來，「文革」造成的後果，就是文化的失落、道德的淪喪和法律的怠緩。我們今天的文化建設中，依然會遇上許多矛盾和困惑，在很大程度上，與「文革」以及與「文革」以前的各種反傳統

的言論和運動，是有關係的。在學校教育裡面，師道尊嚴嚴重怠緩；而「文革」期間和「文革」後期，甚至就有一場名為「反潮流批判師道尊嚴」的運動。尊師重道，是中國傳統教育文化以及倫理文化方面的一個重要內容，中國古人很早就意識到它的重要性了。早在先秦荀子的時候，他就把天地君親師並列著，這種做法一直對後世的中國文化有著很大的影響；在民間，尊師重道也是非常的講究，「一日為師，終身為師」、「一日為師，終身為父」等這些老話也是流傳甚廣。可是在今天，師道完全低下，「文革」時期舊習俗反潮流的運動口號是什麼？即是學生要頭上長角，身上長翅，去反老師。在「文革」以前，老師一直是比較受尊重的，但是，從「文革」開始，這種現象就被顛覆了。今天大學生上課遲到、曠課、早退這種現象，已經太普遍了。我在網上曾經看過一個段子，「某次考試時，監考老師沒收了一位作弊學生的紙條，該考生撲將上去，一把奪過紙條並迅速一口塞進嘴裡，吞了下去。那監考老師愕然，半晌才冒出一句話，你比新中國成立前的地下黨還厲害」。但是，在這裡我不是批判學生，主要是說一種傳統的尊師重道文化精神和倫理精神的文化現象正在失落。事實上，在大學校園裡，這種種的不良現象，責任不能完全歸於學生，老師也要負責任。韓愈曾說，「師者，所以傳道授業解惑也」。傳道在第一，而我們今天的老師，哪個真的做到了這一點？這是值得我們思考的，還有今天的大學教育制度，學校管理制度，社會風尚，也都存在問題。

第三，是改革開放以來的失落。改革開放以來，由於東西方文化，特別是經濟大潮的衝擊，人們對傳統文化越來越有隔膜。思想、觀念、信仰等，都發生了徹底的改變，導致傳統文化特別是倫理精神

在我們現實生活中所剩無幾。我們知道中國傳統文化的觀念與西方的文化觀念，是有很大區別的。近幾百年來，由於西方科學技術進步，物質文明發達，經濟軍事實力雄厚，於是，它形成了一種強勢文化，想要擴張、侵略、征服、掠奪。所以，造成了近世以來西方文化主宰世界的局面。在這種背景下，近代以來，中國人的傳統文化觀念，特別是價值觀念不斷地動搖、改變，甚至被拋棄。中華人民共和國成立以後的前三十年，我們走的是閉關鎖國的路子，跟以美帝國主義為首的那些西方世界，從新中國成立以後基本上就切斷了連繫；後來，又跟以蘇聯為代表的社會主義國家也斷絕了一系列連繫。所以，在新中國成立後前三十年的時候，雖然我們批判了傳統文化，但是，西方文化觀念並沒有對我們造成很大的衝擊。這一段時間，中國人的文化觀念，特別是價值觀念，是不倫不類的，是泛政治化的共產主義價值觀。實際上，簡而言之，就是一種走樣的馬克思主義價值觀，不是真正的馬克思主義價值觀。這種文化主義價值觀的要點是什麼呢？那就是以階級鬥爭為綱。政治掛帥，這是新中國成立後前三十年的情況。但是，改革開放以後，就不一樣了。從二十世紀七〇年代末八〇年代初開始，西方的價值觀念就是拜金主義，還有嚴重的拜新主義，即追求時髦，追求新；另外還有個人主義，競爭意識。對於競爭意識，我從來不覺得它是一個好的文化觀念。但因為現在世界局勢就是如此，所以我們必須要緊跟。但是，在我們自己群體民族內部，我覺得這種競爭意識只需適當強調一點即可，內部更需要強調的是一種和諧。西方的這些價值觀念，如拜金主義、拜新主義、個人主義、競爭意識，甚至於還有一些暴力意識、掠奪意識等，有辱於我們國門，解構、顛覆著我們已經所剩無幾的傳統文化精神。在這種歧視下，中國傳統文

化倫理精神、道德精神的進一步的失落，是在所難免的。這就是中國文化失落的原因和過程。

這些現象，警示我們要有一種責任感，要有一種緊迫感，要有一種使命感。我們要把中國傳統文化中的優秀的東西撿起來。隨著我們國家國力的日益雄厚，我們國人的文化主體意識逐漸地在樹立。我想，當這個文化主體意識真正樹立起來以後，我們就會非常自信、非常從容、非常理智、非常公允地對待自己的傳統文化和一切外來文化。當然，這一切都需要我們的艱苦努力。怎麼努力呢？雖然學好科學、學好技術、學好外文、學好專業等，這些都是不可或缺的，但在這裡，我想送給大家幾句話，即「學習傳統語文，閱讀傳統經典，力行傳統道德，弘揚傳統精神，樹新傳統文化」是更重要的。

怎麼去實踐傳統文化呢？當然還得從我們古人身上、從古代文化裡面去尋找依據，尋找榜樣。儒家四書之一的《大學》裡面，提出了所謂的「三綱領、八條目」。其實，《大學》的主要內容就是三綱領、八條目。所謂三綱領，就是「大學之道在於明德在心，明德在親，明德在善」。這個親字，程頤說讀親字，從心，就是使老百姓日日提升道德境界。朱熹同意他的說法，「在親民，在止於至善」。八條目就是「格物、致知、誠意、正心、修身、齊家、治國、平天下」。實際上，整個《大學》這部書就是以《禮記》這篇文章，圍繞「禮儀」這個中心來展開的。在八條目裡，學者們認為核心的條目就是修身。前四條是修身的準備，後四條是修身的結果、目標。在《大學》裡，「天子以至於庶人」，從天子到老百姓，皆以修身為本。修身的目的就是要達到一個道德層面的自傳。如果，道德還需要被動的話，就不能稱為道德了，而是在法律制裁威脅下的一種遵守法律的問題。道德

是出於自己的自願，是一定要遵守的，只有這樣，才能夠達於至善的境界。所以，從這個意義上來說，修身當然是最根本的，而且從哲學上來說，修身就是一個關於主體修養的問題。

中國傳統文化特別是儒家文化，有著非常豐富的關於主體修養的學說，其中最主要的就是道德養成過程中的主體修養問題。在這些學說裡，有一個關鍵字，名為「知行合一」。也就是說，在修養上，不僅僅要在認識上弄清道理，同時，還要在行為上做到身體力行。行為上身體力行，是一種人文精神。什麼是人文精神？就是人文知己。儒家學說的人文精神化外而成為內在的、主體的。化育融入，就是融入我們的血液，融入我們的骨子裡，化為內在的與主體的精神成果。它蘊含著人的內心世界，同時也建立起人的行為、動作及其結果。所以，現在我就發現了有很多人文知識極其豐富的人，但卻缺乏起碼的人文精神和人文關懷，這也是非常可悲的一件事情。但是，真正的中國傳統文化就不是如此的，而是特別強調知與行的統一。像王陽明，他曾說，「不行不足以為之」，意思是「如果你不行動，那些說教，那些知識、道理等，它就空著，就沒有意義」。所以，知與行是不可分離的。我前面提及的閱讀傳統文化經典，力行傳統道德，就是這麼一個意思。在這方面，可以說孔子和他的弟子們，為我們樹立了很多典範。這裡面最主要的核心就是這種價值觀念、倫理道德觀念。英國人羅伯特‧格雷夫斯在他的名著《羅馬帝國興亡史》裡曾說：「羅馬民族從一個苦幹、實幹的民族，成為歐洲霸權以後，卻因為它的倫理道德的鬆弛，很快地衰亡了。」這是羅伯特‧格雷夫斯的一個基本觀點。後來，德國人斯汀‧格勒，在他的著作裡也表述了這種觀點。從這裡我們可以看出，一個民族的倫理道德精神對這個民族的生死存亡

是至關重要的，所以，我們要挖掘我們的傳統民族主義倫理精神。中國歷代有理想的思想家，有作為的統治者，都提倡倫理道德，並且身體力行。孔子以及他的弟子顏回、曾子、孟子，還有歷史上的屈原、司馬光、顏真卿、杜甫、范仲淹、文天祥、王陽明等，都是我們的楷模，他們這些人物是中華民族道德理想最偉大的實踐者，是中華民族文化鮮活的真正傳承者，是歷史上擔當造詣的民族脊梁。這些精神對於我們今天的文化建設，極具意義，是不可以忽略的，這就是中國傳統文藝的精神。

馮友蘭的《中國哲學簡史》書裡曾經提到金岳霖先生的話：「中國哲學家，他的哲學需要他的生活於其中，知行合一，遵守他哲學的信念而生活，這是他哲學的組成部分。他要做的事，就是修養自己，因此在認識上，他永遠摸索著，在實踐上，他永遠行動著，對於他，哲學從來就不只是為了人類認識反射的觀念模式，而是內在於他的行動的箴言謹記。在極端的情況下，他的哲學簡直可以說是他的傳記。」這段話非常值得背誦，講得極好。人人都可以成為科學家，而且人人都要以身載道修養自己，在認識上，永遠摸索，在實踐上，永遠行動。只有這樣，才算是真正意義上的傳承民族文化；也只有這樣，我們才能成為一個真正的中國人。否則，就不是真正的中國人，而只是擁有中國人的黑眼睛、黑頭髮和黃皮膚外貌而已。

第二個問題是如何傳承和弘揚藝術精神。有學者指出，如果要從整體上把握中國文化的話，可以說人文精神是最主要的。人文精神主要是以人為本。以人為本跟人文精神是怎樣養成的、如何養成的呢？例如，在傳統社會，主要是通過禮樂教化。禮樂教化，一方面它講的是禮，是一種倫理教育，體現出一種倫理精神；另一方面是樂，是一

種藝術教育，體現出一種藝術精神。在這裡，樂是廣義的。所以，有很多學者說中國文化是一種藝術文化，但這裡所說的藝術文化，不僅僅是中國傳統藝術文化中擁有豐富多彩的藝術樣式、藝術作品，而主要指的是貫穿於中國傳統文化中的藝術精神，一種超功利的藝術精神。孔子曾經提出一個命題，名為「興於詩，立於禮，成於樂」。很多人關於這句話的解釋不一，通常的解釋是「詩（這裡的詩特指《詩經》）使人振奮或者啟發，禮儀使人在社會站得住（立就是三十而立的立），音樂使人所學的已經完成」。這裡的「音樂」是廣義的，無論哪種音樂，都能使一個人最後完成他的君子人格的塑造。在這裡，我們會發現一個問題，禮是倫理方面的，而詩和樂是藝術方面的。音樂，也是一生的依據。音樂或者藝術是人格完善的最高境界、安身立命的最高境界，這就是古人常說的禮樂教化。古人把樂教看得非常重，為什麼呢？因為音樂，當然還有其他藝術，最容易感動人，使人深受感動，最感人、最深刻、最迅速；樂可以移風易俗，這都是古人說的話。音樂為什麼深入人心、感動人心、教化人心，甚至於改變人的性情呢？這種古人的觀點，在《樂記》和很多先秦古記裡面都有這類說法，所以古人非常重視樂教，而且，重視樂教顯然也是有道理的。

但是，我們今天把傳統的藝術精神僅僅理解為樂教，音樂教化，是比較狹隘、不太妥當的。它不僅僅只是樂教，而更在於一個人的情趣培養、人格昇華。例如，高山流水、陽關三疊、平湖秋月、梅花三弄，還有現代人的春江花月夜、漁舟唱晚等這些都屬於古典音樂，聽這些音樂，我會有某種感受，即形成的一種音樂旋律，有一種幽婉、深邃、空靈、淡玄、餘音嫋嫋的感覺。在這裡面，沒有激烈的衝突，沒有明顯的對抗，沒有心靈的掙扎，有的只是一種淡淡的惆悵，一種

恬靜的意趣。所以在聽中國古典音樂的時候，心靈的痛苦，靈魂的激動，深思的負擔，現實的榮辱，都在這些幽緩的旋律裡靜靜地淡化了。

所以，我希望在座的諸位，不妨抽點時間，找點空閒，然後在一個雅靜的夜晚，捧一本唐詩宋詞，聽上幾曲古雅幽緩的琴曲，古箏、洞簫、琵琶皆可，但最好是古琴，來體會一下中國古典文化、古典藝術帶來的一種感受。可惜的是，由於西方文化越來越霸道，現代人特別是年輕人沒有這個雅興，他們可能更喜歡那種把房子震塌的、把耳朵震聾的、把人聽得發狂的搖滾樂、流行樂之類的。其實，宋詞最開始也是流行歌曲，馮夢龍小說裡曾說，「有水井處，則歌柳詞」。所謂有水井處，就是有人煙的地方，則歌柳詞，柳詞就是柳永的詞。所以，柳永是當時人氣最旺的流行歌曲作家。而且那些歌星，當時就是歌妓，都是他的粉絲。所以這些東西，我其實並不反對，只是期望當今的年輕人，包括我的學生和女兒，在座的孩子們，你們在欣賞時尚的同時，也不妨去涉獵一點古典。涉獵一點傳統文化，那些傳統的詩詞書畫，那些優良、空靈、古典的古琴、洞簫，那些曲徑通幽的建築園林。這樣的話，你的生活會顯得更加豐富多彩一些。藝術精神的養成，都離不開藝術實踐活動，也就是說藝術創作、藝術欣賞，都離不開這些活動。但是，藝術精神是高於藝術實踐活動的，藝術精神既體現於各種藝術實踐活動中，也滲透於社會人生的各個領域。所以，從這一層意義上來講，中國文化的藝術精神更主要地體現為一種對社會，對人生寓意的價值理解和判斷，對社會、人生的生活態度和方法、方式的思考，對理想社會、完善人格的追求。而這所有的一切都可以在普普通通的日常生活中體驗、感悟。所以，這種普普通通的藝

術化生活，就成為中國人一種所特有的藝術化生活。

　　我自己倒是有幾個常設的節目，可以用來體驗、感悟傳統的藝術精神。第一是武俠下酒。北宋有位詩人叫作蘇舜卿，他讀《漢書》，讀到得意處，每每飲一大白，這就是漢書下酒的典故。但是，我參謀了一下，讀金庸武俠，也頗多會心之處。讀到溫文爾雅、溫婉賢淑的周芷若，最後淪為和很多女子一樣，未能嫁給張無忌，喝一大白；讀到韋小寶，最後抱得美人歸，不免讓人覺得生不逢時，喝一大白。古人漢書下酒，我用武俠下酒，可以說是不讓古人專美啊！除了武俠下酒或者金庸下酒，有時候也讀其他書，讀到會心處，淺斟酌酒一番，也是別有意蘊！其實，這時候的酒，是一種精神象徵，與其他滿足口腹之欲的行為，諸如什麼哥倆好、四進財、五魁首啊，是不一樣的，借用歐陽修的一句話：「醉翁之意不在酒，在於讀書之樂也。」所以武俠下酒是我的一個常設節目。

　　第二是焚香作書。家裡有個臥室間的小書房。我藏書一萬多冊，號稱一萬多冊。在四壁圖書、窗幾明亮的書屋裡，或有雨打芭蕉聲。這個時候，點一柱檀香，沏一壺苦茶。然後，臨帖數本，寫字著書，自娛自樂、自我陶醉，偷得浮生半日閑。這個時候真是塵慮皆忘，如神仙一般。快樂生活，須得用心去找，不是別人給你的，是你自己的一種感受。古人為什麼崇尚清貧，不是說他不愛富貴生活，而是對他來說，富貴生活不是人生最主要的、最想要去追求的。用默讀的方式來體悟，這個很簡單，我總是把它放到有詩情畫意的時候來做，在蕭瑟秋風、淅瀝秋雨的時候，最能給人帶來那種蒼茫空莽的天地意識、孤寂飛揚的人生感受。這個時候你的心靈也最能和天地萬物合而為一。天人合一的這個境界就是在這裡——進入不可名狀的境界。這個

時候，僵臥在床，聽著淅淅瀝瀝的秋雨，當然也要想像是雨打芭蕉，然後隨意想起一本或詩歌，或浮生遊記，一本古代書或現代書，可謂是人生一大喜事、一大愜事。這應該就是中國的藝術精神，藝術精神不僅僅是用藝術形式寫出來的文化精神，更應該是我們中國人的一種藝術化生活，也是一個可供安頓心靈的精神家園。這才是我們要說的藝術化生活。

現在我們都市中的生活越來越遠離自然、遠離真情、遠離審美、遠離藝術，人與人之間越來越缺少溝通，越來越冷漠麻木，越來越機械化。譬如說，「月亮」是一個陳述句，亮是一個形容詞，但把它當一個名詞來用，本身就富含一種精神韻味在裡面。古人見到月亮會想到很多美麗的、美好的事物——聯想到嫦娥，聯想到月是故鄉明，聯想到中秋、唐詩宋詞、古曲，那是一種古色古香的審美聯想。用姜夔的詞來說，那就是「舊時月色」，但是這種舊時月色我們何處尋？現在的孩子們很少能看到月亮，比如小學生，他們看不到月亮，很少看到月亮，因為晚上要寫作業，沒時間看。還有就是在高樓林立的現代住宅區裡面，那裡根本就看不到月亮。現在科技文明和工業文明，固然給我們的生活帶來了方便，同時也把我們從遠古時期帶來的一部分神祕的、令人嚮往的美好一點點給蠶食掉了。所以，如今的我們會想到月亮上並沒有嫦娥、廣寒宮、玉兔，而是一片荒涼死寂的不毛之地，月亮這個富有詩意的名詞就變成了一個科學的概念。月亮帶給我們的一切審美聯想、美妙的感受，也隨著科學的進步消失了。

若干年後，人們再提到嫦娥奔月的時候，恐怕只記得航太飛船，而把嫦娥奔月的神話給忘掉了。我擔心等將來科技極端發達了，大自然與人之間就沒有祕密可言了，再沒有給我們空間神祕幻想的機會了。人就真的要成為機器了，僅僅只有軀殼，沒有心靈、沒有精神的

生命機器。那時，我估計人就要滅亡了。我並不是反科學，尤其在諸位學科學的同學面前，這樣說的確有點不妥，但我確實是這麼認為的。我想這是現代社會的一種危機。所以，我們要尋找玉兔，尋找審美，還要尋找妙玉，與現代工業文明保持一點距離，哪怕是很短的時間，寶貴的距離總有值得我們保留的一點溫情，保存一點藝術感悟力。學理工的同學一定要注意，感悟傳統文化、感悟傳統藝術精神應該是我們的必修課。蘇東坡有句詩：「腹有詩書氣自華。」我不是要求大家硬要一天到晚去追求什麼藝術化，但是至少在我們的日常生活中，需要這些東西做點綴。我們的精神需要這些東西來安慰，而我自己就有這方面的體驗。很多時候，我想在座的各位也應該有這種體驗。當你心情不太好、生活工作不太順利時，不妨讀讀莊子、陶淵明、王維、蘇軾，或者寫寫字，聽聽琴。因為這些藝術活動能給我們帶來一些說不出的美的感受，一種安寧的感受。這種感受對於現代社會的人來講，尤為重要。因為我們大家都很浮躁，都很功利，學習生活工作壓力大，競爭激烈，就更需要這種東西去調節。學習如何去感受這些古典的東西，如何去感受古人的生活、去感受古代傳統經典，如何使我們的心靈有一片溫馨、祥和的棲息地。當然，僅僅靠閱讀是不夠的，我們還要走出書齋。春天去看柳絮、聽黃鸝，去體味一下月朦朧；秋天就去看看紅楓、落葉，去體味一下風蕭蕭兮易水寒；夏天去體味坐看雲起；冬天踏雪尋梅。總之，去體味一下人與萬物的融合境界、天人合一的境界。這樣的話，我想我們的生活會更加充實、更加美好，而且中國傳統藝術精神也將得到更好地傳承與弘揚。

2009年於華中科技大學演講
朱夢珍根據錄音整理

中國「封建社會」再認識

馮天瑜　武漢大學歷史系教授

　　今天很榮幸來到華中科技大學和同學們進行一些交流。封建時代、封建制度、封建社會，這些史學專門術語對大家來說都是司空見慣、耳熟能詳的。而且，在我們內地，長期以來，從我們的中小學教材，到大學的教科書，乃至於絕大多數的傳媒，很多有關歷史的專業書籍，都有這樣的一個說法，就是中國的封建社會歷史特別悠久，特別漫長。在中國的史學界，長期討論為什麼中國的封建社會這麼漫長，同時對中國的封建社會做了很多的劃分。在我們的教科書以及主流媒體中，將秦漢以後作為中國封建社會的開端，中國的封建社會一直延續到近代以前，延續到清代，這是中國的封建史，由於晚清西方殖民主義的入侵，中國進入半殖民地半封建社會。上面說的這些說法，一直占據著我們的主流話語。這樣的一種主流話語，把秦漢以後的兩千多年的中國社會稱為封建社會，是不是無可置疑的？是不是科學的？是不是有道理的？這些問題對我來說，在二十世紀八〇年代中期以前的時期，也是沒有產生過懷疑的。之後便對此有了質疑，大概是因為在二十世紀的八〇年代中期，我參加了一些國際會議，發現國外的學者，包括我們中國海外的學者，在美國或者其他國家長期進行學術研究的學者，幾乎都反對這個說法。他們認為秦漢以後的中國不能說是封建社會，中國有封建社會，這個封建社會在夏商周三代，尤

其是西周，中國在西周有一個完整的封建社會的形態。這對我來說是一種震動，後來我就對此做了一些研究，圍繞著中國的封建制度、封建社會、封建社會的世界意義是什麼、中國意義是什麼等問題展開思考。我們一向把秦漢以後直到清代的中國是封建社會稱作馬克思主義的封建觀，我們還需要考察，馬克思的封建觀是什麼？所以這裡就出現了三個問題。第一個，封建的古義是什麼，在傳統的中國，什麼是封建。第二個問題，在近代，在中國包括日本在內的中華文化圈，都不約而同地用封建這兩個字來表示西歐中世紀的制度，這個翻譯是否正確，以及封建的西義是什麼，這是第二個我們需要搞清楚的問題。因為到近代之後，不僅是中國，全世界各個國家，談到封建社會的時候，都跟西歐中世紀的制度相對照。第三個，既然我們現在通常把秦漢之後稱為封建，這個說法是馬克思歷史觀的結論，那麼我們也有必要了解一下唯物史觀的創始人馬克思和恩格斯，了解他們的封建觀是什麼。所以我們要想弄清封建這個概念，以及整個中國的歷史應該如何比較準確地實現一種宏觀敘事，我們圍繞著封建問題，起碼要做這幾個方面的工作：第一是弄清封建的古義是什麼；第二是弄清封建的西義是什麼；第三是弄清馬克思主義的封建觀是什麼；第四是為什麼在現當代的中國會出現圍繞封建問題的紊亂；第五是我們如何界定封建社會，如何來梳理中國發展的脈絡。今天的任務不輕，只能簡要地做一些介紹。最近二十年，我一直在思考這些問題。

第一個問題，在我們漢字文化圈裡，封建不是一個新詞，而是一個古典詞。在我們的先秦典籍中，《詩經》、《左傳》都曾出現過，後來一直沿用這個概念。在漢字文化圈的內部，封建的本義是什麼？封建是一個組合詞，它的核心概念，體現在「封」上面，「封」在甲骨

文最初的書寫是這樣子的，表示一隻手握著一棵樹，在植樹。在金文裡面，這只手演化到左邊，手握著樹在種樹，這是「封」字的最初演化情況。植樹幹什麼呢？植樹是用來劃定田界的。古代的時候要把土地分給不同的人耕種，通過植樹劃定田界，這是最初的意義。現在有比較確切的證據說明「封建」一詞在殷商時期就開始使用了。上級的領主，把領土及依附在土地上的人民，封賜給下級的領主，最上級的領主是天子，這是封建的本義。這樣的一種封建制度，傳說在堯舜禹時代就在實行，但這只是傳說。有比較確切歷史記載的出現是在甲骨文中，應該說在殷商時期，封建制就開始出現了。形成完整的制度是在西周時期，武王伐紂之後，為了實現對廣大國土的控制，把土地和土地上的人民，封賜給周王朝的貴族。這種封建無非分為兩種：一種是同姓封，周的天子是姓姬；一種是異姓封，就是封給一些有功之臣，但他們一般也與周王之間有姻親關係，比如姜子牙。中國從殷商以來的封建無非就這兩種形態。作為周天子，實行封建的目的，就是讓被封的貴族來鞏固周王朝，天下一旦有事，周天子一號召，下面的諸侯就會響應。這種封建制度在西周時期就已經相當完備了，《周禮》講的大量的制度都是封建制度，包括如何分封以及受封者的權利和義務等。《周禮》規定的制度對後世影響很深遠，這種封建制度發展到了東周、春秋戰國時期，由於經濟政治軍事等條件發生的變化，封建制漸漸不能適應社會穩定和發展的需要，就出現了從封建制到郡縣制的轉化，完成這種轉化的不是周天子，周天子在西周時期是很強大的，但到了東周時期，尤其是到了戰國時期，周天子已經成為一個傀儡，沒有實權，天下的大權已經旁落到了諸侯身上，諸侯國又繼續進行分封。但後來發現，一味地依靠封建不利於國家的發展，因為貴族

對土地和人民的控制，是一種世襲的永久的控制，他的權力和財富都是世襲的，這不利於中央集權。而列國在競爭中都要加強中央集權，加強對民眾的控制，所以這種封建的制度，不利於諸侯國的穩固和發展。所以到春秋末期以後，尤其是戰國以後，各個諸侯國都發生了從貴族政治到官僚政治的轉化。貴族的一切權力都是上級官僚封賜給他的，而官僚是由國君任命的，他們沒有世襲的特權，它是流動的、是任命的。所以到了春秋戰國尤其是戰國年間，中國的制度發生了一個重大的變化，在經濟制度上，由領主經濟向地主經濟轉變。領主經濟就是土地是由上級領主封賜給下級的，土地對他們來說是政治特權，所以是不可買賣的。而對地主經濟而言，土地是他們後天得到的財產，是可以買賣和轉讓的。春秋戰國尤其是戰國時期，中國歷史發生了重大改變，所以稱戰國是中國歷史的一大變革期。在經濟上，由領主經濟向地主經濟轉變；在政治制度上，由貴族政治轉變為官僚政治。戰國七雄紛紛進行了這種轉變，但這個變化完成得比較充分的是秦國。秦國本是後起的國家，但它能夠掃六合，能夠有封建制度向專制制度轉化，就是因為其發展得比較徹底，所以能夠很快強盛並得到了統一。到秦始皇統一中國之後，中國社會就不再是封建社會而是一個專制社會了。應該說秦以後的社會，不能說是封建社會，當然這裡要說明的是，戰國之後，封建依舊在進行，但要說的是，封建不再是制度的主流，制度的主流是官僚制度。所以一旦中央集權的皇朝對貴族實行分封就會出現問題，西漢是一個例子，西漢在最開始的時候是實行異姓封，有一些軍事能人為劉姓的皇帝爭奪了天下，所以對他們進行了分封，但後來西漢統治者又開始剿滅異姓王，而且對天下的臣民發誓，非劉姓不能封。可是封同姓王也是有問題的，第一代的皇帝

死了之後問題就來了，因為很多王侯都是皇帝的叔叔伯伯，於是便發生了著名的吳楚七國之亂，最後出現了削藩的局面。所以歷代王朝只要實行分封的，最後都會削藩，如朱元璋時代出現了諸王戍邊。在中國作為制度主體的封建時代是在夏商周時期，最典型的是在西周時期。在東周以後，由封建制時代向專制皇權的時代轉化，到了秦朝，皇權制度已經占主流了。但這並不是表示封建制度就沒有了，只是不占主流。以上是跟大家交代一下封建的古義是什麼，這個古義不僅是在中國，而且是在整個中華文化圈，都是這樣子的。在朝鮮越南也有很多古書談封建，它們跟我們沒有什麼差別。

　　第二個問題，我們來看一下西義。日本的啟蒙家用「feudal」翻譯封建。東歐的歷史跟西歐有很大的差別，西歐是從原始社會進入到奴隸社會的，羅馬是古典奴隸制。在奴隸時代的晚期，出現了一個特殊的現象，叫日爾曼蠻族入侵。這跟我們中國也有關，我們跟匈奴戰鬥了幾個世紀，一直到東漢時期把匈奴人擊敗，一部分匈奴人東遷漢化，一部分匈奴人西遷，向東歐遷徙。在西元四、五、六、七、八這幾個世紀中，蠻族不斷西移，進入到羅馬帝國。而當時的羅馬帝國，正處於一個分崩離析的時代，不像當年的羅馬帝國那麼強盛，在軍事上無力抵擋日爾曼蠻族的南侵，這樣羅馬帝國就崩潰了。落後的遊牧民族，征服先進的農耕民族的現象，在歷史上時常出現，這是在冷兵器戰爭史上的一個情況，在熱兵器時代，不可能出現落後民族戰勝先進民族的情況。而落後民族進行民族解放運動，在它的本土上抵禦先進民族的入侵，某種程度上也可能打敗先進民族。但是一個落後的民族想在熱兵器時代，侵略一個先進的民族，是不可能的，而在冷兵器時代是可以實現的。落後的民族學習先進的民族，他們很快就會成為

一個強勢的軍事力量，因為游牧民族一般都是全民皆兵的。所以游牧民族進入羅馬帝國後就將其征服了，在西歐的制度上就發生了一個重大的變化，即羅馬帝國遺存的某些領主經濟和貴族政治跟日爾曼蠻族的氏族關係相結合，形成了歐洲中世紀的制度，也就是一種封建制度。中國的封建比歐洲中世紀的制度早了一、兩千年，他們在外在形態上有很多相似之處，我們的封建也是領土經濟，貴族分封，人身依附，跟西歐有相似之處。正因為如此，在西學東漸的時候，在一些介紹西方歷史的著作中，比如說《四洲志》、《海國圖志》、《瀛寰志略》在介紹歐洲中世紀的制度時都用封建來翻譯，後來這些書也傳到了日本，一些日本學者覺得歐洲中世紀的制度跟日本的封建制度也有相似之處，所以日本明治維新時期的啟蒙思想家，他們也不約而同地用封建來反映歐洲中世紀的制度。到了二十世紀，中國最重要的近代翻譯家嚴復，在翻譯英國政治學著作的時候，用封建一詞來翻譯「feudal」，但是嚴復並沒有將此簡單化，而是將中國的歷史和西歐的歷史相比擬，他認為中國也有封建，西歐也有封建，而且封建的內容有某些相似之處。但是中國的封建比西歐的封建要早了一、兩千年，他說得很清楚，中國的封建結束於週末，而歐洲的封建時期，相當於唐宋之際，即八九世紀的時候。嚴復認為，東西方雖然有一個可以比擬的封建，但大家也都看到了，中國的封建和西歐的封建在時間上差距很大。還有一個差別是中國和日本的差別，日本的歷史進程和中國有很大的差異，而跟西歐非常相似，這種酷似並不是文化傳播的結果，而完全是由於他們不約而同地具備了相似的條件，產生了相似的制度，而且時間也相對應。日本的幕府時期確實是實行了封建制度，天皇沒有實權，實權掌握在大將軍手中，大將軍又把日本的國土分成

若干塊，封賜給各級貴族。日本明治維新之前，有八、九十個將軍，明治維新確實是反封建的，因為他們當時面臨的是國土分封的局面，明治維新的一個中心任務，就是廢藩置縣，建立郡縣，由中央政府直接管轄。我們中國的近代化過程不是反封建的，近代化過程主要任務是反專制，因為在兩千多年前，我們就不是一個封建國家，而是一個專制國家。原來的反封建之說，掩蓋了民主革命的本來面目。翻譯家用中國的封建兩個字來翻譯歐洲中世紀的制度基本上來說是準確的，因為我們中國古典的封建含義跟歐洲的含義，有相似之處。但要像嚴復那樣，要明白兩者的差異性。我們中國是一個封建制度早熟的國家，在西歐和日本還處於原始公社制的晚期或者是奴隸制度時期，我們已經進入了封建制度時期，這是第一個早熟。第二個是專制主義君主集權早熟，而且漫長，我們不應該說是封建社會漫長，而應該是君主專制漫長。所以要回到歷史的本來面目中來看這個問題。

　　第三個問題是我們現在流行的封建觀，其實是一種泛封建觀，而這種泛封建觀，到底是不是馬克思主義的？因為一些學者認為它是馬克思主義唯物史觀的產物，其實我們要考察一下，這種泛封建觀，到底是不是馬克思主義的。我們來回溯一下馬克思主義的封建觀，在我國討論這個問題非常重要。馬克思認為日本是一個完善的封建社會，但是從來就沒有把中國和印度等東方國家稱為封建社會。馬克思晚年大量閱讀歐美文化人類學家的著作，以及描述東方世界的人類學著作，他不主張用西歐的模式解讀東方。這些著作傳到我們中國是二十世紀八〇年代的時候，時間很晚，也沒有引起中國學界的重視。十七世紀的印度，領土經濟已經瓦解，土地可以自由買賣，地主經濟不是封建制度。十一到十七世紀的印度，已經建立起了專制君主制度，在

專制君主制度下，已經有了一個相當完整的官僚系統，官僚由君主派遣，相當於中國的命官。這樣一種君主集權的制度，絕非是封建制度。馬克思在對這些書做的點評之中，已經再清楚不過地把他的封建觀講得清清楚楚。我們從馬克思分析印度的觀點來看，中國的秦漢到明清，更不是一個封建社會，因為中國的土地可以買賣，比十一到十七世紀的印度要成熟得多、普遍得多。另外中國的專制主義比印度完備得多，其中的科舉制度就完全脫離了貴族制度的束縛，不管你是什麼身分，都可以通過國家考試成為官員。用馬克思分析印度的觀點來分析中國，可以證實它確實不是一個封建社會。另外馬克思並沒有把中國稱為封建社會，因此把秦漢之後的社會稱為封建社會的這種觀點，與馬克思的觀念也是不同的。我並不是說，對封建問題、對馬克思的觀念採取兩個凡是的態度，但是我們不能把馬克思堅決拒絕過的、非常明確批評過的泛封建觀強加到他身上。這是我們說的第三個問題，即馬克思的封建觀，也沒有什麼發明創造，只是西方史學對封建社會基本觀點的延續，馬克思正確地沿襲了西方的封建觀。

我們下面探討一下第四個問題，為什麼在中國既不符合古義、也不符合西義、同時也不符合馬克思的封建觀在今天還占據著主導權？簡而言之，是在兩個問題上出現了問題造成了這樣的後果，最根本的是我們對唯物史觀的理解出現了問題。唯物史觀是科學的，人們的物質生產決定社會的發展，上層建築在這個基礎上形成。唯物史觀力圖對人類歷史發展的進程做一種規律性的探討，這種規律性的探討，從馬克思、恩格斯開始，後來列寧、毛澤東在這條線上繼續有所闡發。但是我們回到馬、恩中就會發現，他們堅持歷史多樣性和普遍性的統一，並不只是一元化。俄國的民粹主義者利用西歐的模式是一元化的

表現，但馬克思認為俄國和西歐不一樣，不必要利用西歐的模式來走。馬克思追求歷史的普遍規律，但這個規律是建立在歷史多樣性基礎上的，到了列寧，特別是史達林把多樣性簡單化，對中國的影響很深遠。史達林把歷史簡單化、模式化、單一化，形成了五種社會形態的論述，這種論述有它的科學性，也有它的問題，他按照歐洲歷史的發展歷程，認為社會就是從原始社會進入奴隸社會、奴隸社會進入封建社會、封建社會解體進入資本社會，而資本社會解體是不可避免的，因此最終會走向社會主義、共產主義社會，但是人類的歷史並不是這麼簡單的。比如說有學者認為，中國沒有奴隸社會。在我們中國的歷史記載中，包括大量的考古發現中，中國從來沒有出現過像希臘、羅馬這樣的奴隸社會。比如《詩經》三百篇中沒有一篇是表現奴隸主驅使奴隸勞動的，我們看到的是一個自由的農人的勞動，當然也有一些發牢騷的話，但是看不出來是奴隸勞動。起碼在我們中國的學術界，很多學者不承認中國有奴隸社會。另外從奴隸社會解體之後是不是就會進入封建社會，這更是一個問題。我們不能把從蘇俄引進的、一種模式化的理念，當成歷史發展的模型。以郭沫若為代表的一批知識分子，他們要把中國的中古社會說成是封建社會，因此不惜改變封建的本意。封建的含義應該是貴族階級、領主政治，他們非要把地主階級和官僚政治硬塞到封建這個概念中，他們的問題就出現在五種社會形態思想的禁錮之中。之所以犯常識性的錯誤，是因為把一種教條奉為不可更改的經典，這是一種悲劇。第二個原因，即國內概念的辨析，這應該是我們中國傳統文化的一種弊端。本來先秦辨析概念的學問，叫作名學，這在先秦是很受重視的，但是在秦漢之後，名學被打入了冷宮，用的是一種詭辯之術，後來名學就被淹沒了，並把它

叫作屠龍之術，認為它毫無意義。在中國的學術系統中，對它也不再重視。在二十世紀，圍繞著中國社會性質的論戰，同一個論者對此看法也非常的混亂，一流的社會學家也經常會出現概念混亂的問題，我覺得這是第二個原因，即不注意概念的辨析。但有人覺得討論概念沒有意義，但是我覺得概念都紊亂了，那麼中國的歷史也就都是混亂的了。簡而言之，即是出現封建的泛化，就會導致中國的歷史根基無法取得一致。

第五個問題，我說一個簡單的結論，即中國歷史的進程究竟是什麼樣的？關於這一點，我們應該從實際出發去看待中國歷史的進程，而不是由某一個權威說了算。中國的歷史是從原始社會進入氏族共同體，相當於我們說的夏代。氏族共同體向下發展進入殷商西周，進入宗法封建社會。到了春秋戰國，進入了宗法封建社會解體的時代，到了宗法專制社會。秦漢之後進入宗法地主專制社會，簡稱為皇權社會。我們可以以中唐為界線進行劃分，中唐以前是前期，中唐以後是後期，因為中唐以後，官僚制度完善，科舉制度完善，中唐以前，貴族的影響是很大的。中唐以前在科舉之外，還有貴族滲透，要看這個人的樣貌是否氣宇軒昂、行為是否彬彬有禮。到中唐以後，特別是宋以後，這種情形就消失了，老師閱卷時要把同學的姓名蓋住，這都是為了保證考試的公正性。中唐之後特別是宋以後，官僚政治和地主階級更加純粹化。所以我把秦漢到中唐稱作中華地主專制社會的前期，中唐到明清是中華地主專制社會的末期，或者說是皇權時代的後期。到了清以後，一直到中華人民共和國成立被稱為共和時代。那麼這種歷史分期是不是就是很理想的？不一定，但這是從中國發展的實際情況中概括出來的，還可以做別的概括，而這種分期比那五種社會形態

單線直接地劃分，要合理得多。對歷史的分析如何在宏觀上進行劃分的研究，還會長期地進行。今天我就講這麼多，謝謝大家。

2009年於華中科技大學演講

龔穎迪根據錄音整理

後 記

　　二十世紀九〇年代中期，在教育部的宣導和組織下，文化素質教育「一呼而起」，高校文化素質教育的研究與實踐探索蓬勃興盛，而人文講座則成為其中一道最為亮麗的風景線。原華中理工大學大學生文化素質教育基地（現華中科技大學國家大學生文化素質教育基地，以下簡稱「基地」）在諸多前輩時賢的鼓舞與關懷下，順勢而為，彙編出版了華中科技大學、清華大學、北京大學、東南大學、北京科技大學、中國人民大學、復旦大學等高校師生提供的人文講座稿，並冠名《中國大學人文啟思錄》。《中國大學人文啟思錄》（一到六卷）出版後，因其參與學校多、專題涉及廣、講座水準高、思想啟迪深，在海內外引起廣泛共鳴，影響巨大。「一花引來百花開」。此後，各高校紛紛推出形式各異的文化素質教育講座並結集出版演講稿，將全國高校的文化素質教育工作推上新的發展高度。

　　時隔多年後，我們決定續編《中國大學人文啟思錄》（七到十卷），主要有三方面的原因：首先是向《中國大學人文啟思錄》（一到六卷）致敬，冀圖以此來繼承與高揚由周遠清、季羨林、楊叔子等先生所宣導和開啟的大學生文化素質教育理念；其次也是對基地十多年來工作的回顧與總結；最後也是最重要的原因為，十八大以來，習

近平總書記關於「文化自信」、「弘揚優秀傳統文化」的系列重要講話，特別是習總書記二〇一四年五月四日在北京大學師生座談會上的講話，在全國高校和廣大青年學生中產生了深刻的影響，為新時期文化素質教育指明了新方向，提出了新要求。一些兄弟高校、一批關注文化素質教育的老領導、老教授和廣大熱心讀者希望我們能繼續推出人文啟思錄。為此，我們不揣譾陋、不畏困難，戮力續編《中國大學人文啟思錄》。

與前六卷的編纂相比，此次續編最大的變化是稿源的單一化，即稿件基本源於在華中科技大學舉辦的各種人文講座。華中科技大學致力於「讓文化素質教育的旗幟更加鮮豔」，精心打造人文講座品牌，二十三年來從無間斷。截至二〇一七年六月，基地共舉辦講座二一八五期，一大批專家學者在這裡留下了大量精彩的報告。本次續編稿件主要來源於二〇〇三到二〇一四年舉辦的一二一四場講座。此外，還有部分稿件來源於華中科技大學中文系當代寫作研究中心和研究生院「科學精神與實踐」講座。

此次續編延續了以前一貫的編輯體例和選錄要求。第七卷選自二〇〇六到二〇〇七年的部分演講；第八卷選自二〇〇八到二〇〇九年的部分演講；第九卷選自二〇一〇到二〇一二年的部分演講；第十卷選自二〇一三到二〇一四年的部分演講。

續編工作由基地主任歐陽康教授組織領導，劉金方、余東升、索元元、郭玫、曾甘霖等承擔具體的選編工作。

續編工作一如既往地得到了學校領導、楊叔子院士及有關專家學者的鼓勵、支持和指導，華中科技大學中文系、研究生院提供了一批高水準的稿件，一批學生志願者做了大量細緻的錄音整理工作，華中

表現，但馬克思認為俄國和西歐不一樣，不必要利用西歐的模式來走。馬克思追求歷史的普遍規律，但這個規律是建立在歷史多樣性基礎上的，到了列寧，特別是史達林把多樣性簡單化，對中國的影響很深遠。史達林把歷史簡單化、模式化、單一化，形成了五種社會形態的論述，這種論述有它的科學性，也有它的問題，他按照歐洲歷史的發展歷程，認為社會就是從原始社會進入奴隸社會、奴隸社會進入封建社會、封建社會解體進入資本社會，而資本社會解體是不可避免的，因此最終會走向社會主義、共產主義社會，但是人類的歷史並不是這麼簡單的。比如說有學者認為，中國沒有奴隸社會。在我們中國的歷史記載中，包括大量的考古發現中，中國從來沒有出現過像希臘、羅馬這樣的奴隸社會。比如《詩經》三百篇中沒有一篇是表現奴隸主驅使奴隸勞動的，我們看到的是一個自由的農人的勞動，當然也有一些發牢騷的話，但是看不出來是奴隸勞動。起碼在我們中國的學術界，很多學者不承認中國有奴隸社會。另外從奴隸社會解體之後是不是就會進入封建社會，這更是一個問題。我們不能把從蘇俄引進的、一種模式化的理念，當成歷史發展的模型。以郭沫若為代表的一批知識分子，他們要把中國的中古社會說成是封建社會，因此不惜改變封建的本意。封建的含義應該是貴族階級、領主政治，他們非要把地主階級和官僚政治硬塞到封建這個概念中，他們的問題就出現在五種社會形態思想的禁錮之中。之所以犯常識性的錯誤，是因為把一種教條奉為不可更改的經典，這是一種悲劇。第二個原因，即國內概念的辨析，這應該是我們中國傳統文化的一種弊端。本來先秦辨析概念的學問，叫作名學，這在先秦是很受重視的，但是在秦漢之後，名學被打入了冷宮，用的是一種詭辯之術，後來名學就被淹沒了，並把它

叫作屠龍之術，認為它毫無意義。在中國的學術系統中，對它也不再重視。在二十世紀，圍繞著中國社會性質的論戰，同一個論者對此看法也非常的混亂，一流的社會學家也經常會出現概念混亂的問題，我覺得這是第二個原因，即不注意概念的辨析。但有人覺得討論概念沒有意義，但是我覺得概念都紊亂了，那麼中國的歷史也就都是混亂的了。簡而言之，即是出現封建的泛化，就會導致中國的歷史根基無法取得一致。

第五個問題，我說一個簡單的結論，即中國歷史的進程究竟是什麼樣的？關於這一點，我們應該從實際出發去看待中國歷史的進程，而不是由某一個權威說了算。中國的歷史是從原始社會進入氏族共同體，相當於我們說的夏代。氏族共同體向下發展進入殷商西周，進入宗法封建社會。到了春秋戰國，進入了宗法封建社會解體的時代，到了宗法專制社會。秦漢之後進入宗法地主專制社會，簡稱為皇權社會。我們可以以中唐為界線進行劃分，中唐以前是前期，中唐以後是後期，因為中唐以後，官僚制度完善，科舉制度完善，中唐以前，貴族的影響是很大的。中唐以前在科舉之外，還有貴族滲透，要看這個人的樣貌是否氣宇軒昂、行為是否彬彬有禮。到中唐以後，特別是宋以後，這種情形就消失了，老師閱卷時要把同學的姓名蓋住，這都是為了保證考試的公正性。中唐之後特別是宋以後，官僚政治和地主階級更加純粹化。所以我把秦漢到中唐稱作中華地主專制社會的前期，中唐到明清是中華地主專制社會的末期，或者說是皇權時代的後期。到了清以後，一直到中華人民共和國成立被稱為共和時代。那麼這種歷史分期是不是就是很理想的？不一定，但這是從中國發展的實際情況中概括出來的，還可以做別的概括，而這種分期比那五種社會形態

後 記

　　二十世紀九〇年代中期，在教育部的宣導和組織下，文化素質教育「一呼而起」，高校文化素質教育的研究與實踐探索蓬勃興盛，而人文講座則成為其中一道最為亮麗的風景線。原華中理工大學大學生文化素質教育基地（現華中科技大學國家大學生文化素質教育基地，以下簡稱「基地」）在諸多前輩時賢的鼓舞與關懷下，順勢而為，彙編出版了華中科技大學、清華大學、北京大學、東南大學、北京科技大學、中國人民大學、復旦大學等高校師生提供的人文講座稿，並冠名《中國大學人文啟思錄》。《中國大學人文啟思錄》（一到六卷）出版後，因其參與學校多、專題涉及廣、講座水準高、思想啟迪深，在海內外引起廣泛共鳴，影響巨大。「一花引來百花開」。此後，各高校紛紛推出形式各異的文化素質教育講座並結集出版演講稿，將全國高校的文化素質教育工作推上新的發展高度。

　　時隔多年後，我們決定續編《中國大學人文啟思錄》（七到十卷），主要有三方面的原因：首先是向《中國大學人文啟思錄》（一到六卷）致敬，冀圖以此來繼承與高揚由周遠清、季羨林、楊叔子等先生所宣導和開啟的大學生文化素質教育理念；其次也是對基地十多年來工作的回顧與總結；最後也是最重要的原因為，十八大以來，習

近平總書記關於「文化自信」、「弘揚優秀傳統文化」的系列重要講話，特別是習總書記二〇一四年五月四日在北京大學師生座談會上的講話，在全國高校和廣大青年學生中產生了深刻的影響，為新時期文化素質教育指明了新方向，提出了新要求。一些兄弟高校、一批關注文化素質教育的老領導、老教授和廣大熱心讀者希望我們能繼續推出人文啟思錄。為此，我們不揣譾陋、不畏困難，戮力續編《中國大學人文啟思錄》。

與前六卷的編纂相比，此次續編最大的變化是稿源的單一化，即稿件基本源於在華中科技大學舉辦的各種人文講座。華中科技大學致力於「讓文化素質教育的旗幟更加鮮豔」，精心打造人文講座品牌，二十三年來從無間斷。截至二〇一七年六月，基地共舉辦講座二一八五期，一大批專家學者在這裡留下了大量精彩的報告。本次續編稿件主要來源於二〇〇三到二〇一四年舉辦的一二一四場講座。此外，還有部分稿件來源於華中科技大學中文系當代寫作研究中心和研究生院「科學精神與實踐」講座。

此次續編延續了以前一貫的編輯體例和選錄要求。第七卷選自二〇〇六到二〇〇七年的部分演講；第八卷選自二〇〇八到二〇〇九年的部分演講；第九卷選自二〇一〇到二〇一二年的部分演講；第十卷選自二〇一三到二〇一四年的部分演講。

續編工作由基地主任歐陽康教授組織領導，劉金仿、余東升、索元元、郭玫、曾甘霖等承擔具體的選編工作。

續編工作一如既往地得到了學校領導、楊叔子院士及有關專家學者的鼓勵、支持和指導，華中科技大學中文系、研究生院提供了一批高水準的稿件，一批學生志願者做了大量細緻的錄音整理工作，華中

單線直接地劃分，要合理得多。對歷史的分析如何在宏觀上進行劃分的研究，還會長期地進行。今天我就講這麼多，謝謝大家。

2009年於華中科技大學演講

龔穎迪根據錄音整理

科技大學出版社給予了大力支持。在此，謹向他們表示衷心的感謝！

編者

2017年10月24日

中華文化思想叢書・當代中華文化思想叢刊 A0103008

中國大學人文啟思錄　第八卷（下冊）

顧　　問　楊叔子
主　　編　歐陽康
副 主 編　劉金仿、余東升
責任編輯　陳胤慧

發 行 人　陳滿銘
總 經 理　梁錦興
總 編 輯　陳滿銘
副總編輯　張晏瑞
編 輯 所　萬卷樓圖書股份有限公司
排　　版　菩薩蠻數位文化有限公司
印　　刷　百通科技股份有限公司
封面設計　菩薩蠻數位文化有限公司

出　　版　昌明文化有限公司
桃園市龜山區中原街 32 號
電話 (02)23216565
發　　行　萬卷樓圖書股份有限公司
臺北市羅斯福路二段 41 號 6 樓之 3
電話 (02)23216565　傳真 (02)23218698
電郵 SERVICE@WANJUAN.COM.TW
大陸經銷　廈門外圖臺灣書店有限公司
　　　電郵 JKB188@188.COM

ISBN 978-986-496-422-2

2019 年 3 月初版
定價：新臺幣 400 元

如何購買本書：
1. 轉帳購書，請透過以下帳戶
　合作金庫銀行　古亭分行
　戶名：萬卷樓圖書股份有限公司
　帳號：0877717092596
2. 網路購書，請透過萬卷樓網站
　網址 WWW.WANJUAN.COM.TW

大量購書，請直接聯繫我們，將有專人為您
服務。客服：(02)23216565　分機 610

如有缺頁、破損或裝訂錯誤，請寄回更換

版權所有・翻印必究
Copyright©2019 by WanJuanLou Books CO., Ltd.
All Right Reserved　　　　**Printed in Taiwan**

國家圖書館出版品預行編目資料

中國大學人文啟思錄　第八卷 / 歐陽康主編.
-- 初版. -- 桃園市：昌明文化出版；臺北
市：萬卷樓發行, 2019.03
　冊；　公分
ISBN 978-986-496-422-2(下冊：平裝)

1.人文學 2.文集

119.07　　　　　　　　　　　　108003025

本著作物經廈門墨客知識產權代理有限公司代理，由華中科技大學出版社授權萬卷樓圖書股
份有限公司（臺灣）、大龍樹（廈門）文化傳媒有限公司出版、發行中文繁體字版版權。
本書為真理大學產學合作成果。　　　　　　校對：喬　情／真理大學臺灣文學系四年級